조선의 세계적인 문화유산

태실

김득환

서삼릉태실연구소

들어가는 글

저는 경기도 고양시 벽제면 문봉리에서 태어나 초등학교 때 서삼릉으로 소풍을 가곤 했습니다. 지금도 눈을 감으면, 마냥 즐거운 얼굴로 소풍을 가던 유년의 그 시절이 아련한 그리움으로 떠오릅니다.

그런 소중한 추억이 있는 나는 지난 2004년부터 고양시 문화관광해설사로 활동하면서 일제강점기에 일본 통치자들의 음모에 의해 희생된 서삼릉의 아픔을 알았습니다. 1929년 전국에 산재해 있던 조선 왕조의 태실 54기가 서삼릉에 집단 이장된 채 초라하게 남아 있다는 사실을 알게 된 것입니다.

그 후 꽃 피는 봄이 오면, 주말마다 내가 사랑하는 서삼릉에 나가서 몰려드는 관광 인파들을 위해 자원봉사로 교통정리를 하면서 즐거움을 느꼈습니다. 서삼릉이 내 집 같고, 내 고향 같은 희열감을 나는 느꼈습니다. 아내가 교통정리를 하는 내 모습에 곱지 않은 시선을 보내도 흔들리지 않았습니다.

그러던 어느날 나는 태를 묻는 태실 문화가 세계 어느 곳에서도 유례를 찾아볼 수 없는 우리 민족 고유의 문화 유산이라는 것도 인식하게 됐습니다.

그때부터 새로운 광맥을 발견하고 눈을 반짝이는 광부처럼 태실에 몰입하기 시작했습니다. 지금도 전국의 어느 명당 자리에서 비바람을 맞고 있을 태실들을 찾아 답사여행을 떠나고, 이런 저런 경로를 통해 자료를 수집하는 데 희열을 느꼈습니다. 태실을 연구하고 공부하는 이들도 열성적으로 만나 의견을 나누고, 자료를 공유하는 시간들이 참으로 행복했습니다. 뭔가 하나에 빠져들면 열정을 다하

조선의 세계적인 문화유산 **태실** 2

고 끝까지 가는 제 성격이 그대로 반영됐다고나 할까요.

그리고 어떤 의무감을 느끼기 시작했습니다. 조선의 세계적인 문화유산, 태실을 보존하고 널리 알리는 데 작은 역할이든 큰 역할이든 해야 한다는……호랑이는 죽어서 가죽을 남기고, 사람은 죽어서 이름을 남긴다는 속담이 있듯이 태실에 관해서라면 무언가 족적을 남기고 싶었습니다.

또한 고양시 서삼릉 태실과 경북 성주군 세종대왕자 태실이 유네스코 세계문화유산으로 하루 빨리 지정되기 위해서는 많은 학술 연구와 단행본 발행이 우선적으로 이루어져야 한다는 의무감을 느꼈습니다. 내가 나서는 것이 이 계통에 훌륭한 연구 성과를 남긴 다른 분들에게 주제 넘어 보일지는 모르지만, 누군가는 해야 할 일이라고 생각했습니다. 그래서 단행본 출간을 결심하게 되었습니다.

태실 관련 자료들을 살펴본 결과, 그동안 태실에 관한한 서적이 별로 없다는 사실도 용기를 주었습니다. 제가 써내려간 이 서적이 사학과 학생들이나 태실 문화를 연구하는 분들에게 하나의 개론서 역할도 할 수 있다는 자부심도 느끼게 되었습니다. 한편으로는 과연 그런 역할을 할 수 있을지 걱정이 되기도 합니다.

다시 말씀 드리지만, 이 책이 태실 문화의 유네스코 세계문화유산 지정, 태실의 보존과 유지, 문화재 수호에 도움이 됐으면 하는 바램입니다. 그리고 이 책을 읽는 이들이 저의 모자람을 질타해도 겸허하게 수용하겠습니다.

목차

제 1 장 – '태실의 꽃' 태항아리 변천사

1. 삼국시대의 태항아리 ... 11
2. 고려시대의 태항아리 ... 17
3. 조선시대의 태항아리 ... 29
   1) 왕가의 태항아리들 ... 29
   2) 사대부 집안과 민간의 태항아리들 ... 43

정자(亭子) – 안타까운 역사의 한 자락...해외로 빼돌려진 수많은 태항아리들 ... 48
정자(亭子) – 가장 뛰어난 미학적 성취를 보여준 태항아리는? ... 62
    : 세종대왕 태항아리와 칠계칠년이 쓰인 태항아리
정자(亭子) – 독특한 형식미를 뽐내는 태항아리들 ... 66

제 2 장 – 아스라이 사라져가는 고려 태실들....

1. 고려 태조 왕건의 태실 ... 75
2. 17대 임금 인종의 태실 ... 81
3. 22대 임금 강종의 태실 ... 84
4. 25대 임금 충렬왕 태실 ... 88
5. 27대 임금 충숙왕 태실 ... 91
6. 29대 임금 충목왕 태실 ... 93
7. 31대 임금 공민왕 태실 ... 96
8. 32대 임금 우왕 태실 ... 101
9. 대관령박물관의 고려 태실 ... 103

정자(亭子) – 소백산은 고려시대 최고의 명당터였다 ... 106
    : 소백산 자락에 5곳의 태실이....

조선의 세계적인 문화유산 **태실** 2

제 3 장 - 역사적 자취를 남기고 간 조선의 왕자, 공주, 옹주 태실들

1. 세종대왕이 총애한 정소공주의 태실 115
2. 조선의 최고 명필, 안평대군의 태실 120
3. 조선 최고의 시조시인 월산대군의 태실 125
4. 광해군에게 참혹한 죽음을 당한 영창대군의 태실 130
5. 선교사 아담 살과 교우하며 조선의 개혁을 부르짖던 소현세자의 태실 ... 133
6. 창덕궁 후원에 있는 숙선공주 태실. 138
7. 영화화 된 조선의 마지막 황녀 덕혜옹주의 태실. 143
8. 조선왕실 왕자녀의 태실들. 150
   1) 쌍태(雙胎)로 조성된 숙정공주와 숙휘공주와 태실 150
   2) 한림대박물관팀에 의해 발굴된 왕녀 복란의 태실 152

   정자(亭子) - 조선시대 왕비들의 태실이 있었다? 154

제 4 장 - 군사정권에 의해 유린 당한 조선왕조의 태실 집장지 서삼릉, 그리고 그 복원의 방향

1. 일제 강점기에 조선왕조의 태실 집장지로 변모한 서삼릉 165
2. 서삼릉을 조각조각 토막 내서 나누어 준 군사정권. 172
   - 특권층이 골프를 치고, 젖소와 말이 뛰노는 희한한 왕릉

   정자(亭子) - 서삼릉을 잘라 만든 '서울한양컨트리클럽'은 박정희대통령의 단골 골프장이었다!! ... 180
              : 골프마니아 박대통령, 라운딩한 뒤 막걸리 즐겨
   정자(亭子) - 김종필과 전두환도 서삼릉을 조각낸 장본인이었다. 185

3. 이제 서삼릉을 고양시민의 쉼터로 개방하고 활용해야 189

   정자(亭子) - 효창원에도 서삼릉과 같은 아픔이... 192
              : 역대 정권에 의해 수난을 당한 효창원

목차

제 5 장 – 조선 왕조의 태실은 복원되어야 한다

1. 기구한 수난 끝에 복원된 정조의 태실과 경종의 태실   198
2. 태실 복원의 모범적 사례 – 지방자치단체에 의해 복원된 인종 태실   206
3. 복원을 애타게 기다리는 태실들   212
    (1) 태실비의 윗 부분을 찾아야 제대로 복원이 이루어지는 헌종의 태실   212
    (2) 복원 작업이 한창 진행 중인 문종과 사도세자의 태실   218
    (3) 이 핑계 저 핑계로 복원이 자꾸 미뤄지는 광해군의 태실   226

    정자(亭子) – 아하! 문화재 복원, 이렇게 하는구나   230
                : 유물의 재탄생, CT · 내시경 · 3D프린터로 문화재 복원

제 6 장 – 태봉과 태실의 풍수지리학적 비교 분석

1. 태봉의 '지리적 조건'은 왕릉과 달라   241
2. '왕릉의 명당'과 '태봉의 명당', 그 차이점은?   243

    정자(亭子) – 풍수지리학자들이 손꼽는 천하 제일의 명당은?   260
                : 대원군이 낙점한 예산 남연군 묘
    정자(亭子) – 연산군의 '금표비'를 아십니까?   265
                : '하마비'도 일종의 '금표비'였다.

조선의 세계적인 문화유산 태실

제 7 장 - 조선은 기록의 나라, 보물 1901-11호로 지정된 '영조태실가봉의(英祖胎室加封儀)'를 통해 바라본 조선 왕들의 태실 가봉.

1. 정조와 함께 조선의 중흥기를 이끈 최장수 임금 영조 … 278
2. 영조 태실의 가봉과 실태 … 281
3. 영조태실가봉의 … 285
   (1) 개괄적 내용 … 285
   (2) 태실 가봉 작업의 시행 과정 … 287
   (3) 비석 … 298
   (4) 제의(祭儀) … 299
   (5) 석물(石物) … 301
   (6) 공장(工匠) … 302

   정자(亭子) - 놀라움이 가득한 기록의 나라…기록 문화가 꽃핀 조선이 남긴 다채로운 의궤들 … 304
   : 장례의궤. 수원 화성 축조 의궤 등 다양한 의궤들

제 8 장 - 일본의 태실, 그것이 알고 싶다!

1. 세계문화유산과 일본의 태실들 … 313
2. '신들의 태실'. '천황의 태실' … 316
3. 한국의 태실과 일본의 태실, 그 공통점과 차이점 … 318

◆ 부록 - 서삼릉 태실 집장지에서 출토된 조선시대 왕자와 공주, 옹주, 왕비의 태항아리들. … 325
   - 조선의 태실, 일제 강제 이장 90주년 … 335
     '3.1절 맞이 서삼릉 태실(胎室)안위제 및 태항아리 재현 전시회'

- 제1장 -
'태실의 꽃' 태항아리 변천사

제 1 장 – '태실의 꽃' 태항아리 변천사

우리 민족은 아기가 태어나면, 태(胎)를 태항아리에 넣어 땅 속에 묻는 세계 유일의 장태 문화를 계승해왔다.

고려시대에 충북 진천현 태봉산에 있는 신라 장군 김유신의 태실에 제사를 지냈고, 조선 태종 이후에는 지방관으로 하여금 제사를 지내게 했다는 기록에서 보듯이 태를 묻는 풍습은 적어도 삼국시대부터 시작됐다.

이후에 안태(安胎)의 역사는 고려 때 충렬왕과 충목왕의 태가 태백산 기슭 순흥군에 묻혀 있다는 기록으로 이어신다.

신라시대 김유신의 태도 태항아리에 넣어 장태(藏胎)한 것이 틀림없다. 그 당시 태항아리의 모습은 어땠을까?

태항아리들은 시대에 따라 변화된 모습으로 나타나고 있다.

1. 삼국시대의 태항아리

강릉시 관동대박물관에 소장된 태항아리는 신라시대 태항아리라고 전해진다. 이 태항아리는 강원도 강릉시에서 출토됐다.

그런데 신라시대 태항아리임을 뒷받침할 만한 확실한 근거는 없다. 국립경주박물관에 소장돼 있는 통일신라 중기의 인화문 태항아리도 마찬가지다. 삼국시대 태항아리 중에 전해지는 것은 찾아보기 힘들다.

명확한 사료와 근거는 없지만, 태항아리의 기원은 뼈단지에서 찾아야 할 것으로 추정된다. 태항아리도 뼈단지도 땅 속에 매장하는 용기였다. 태항아리와 뼈단지가 구별없이 사용되다가 태항아리는 특별한 형태로 발전된 것으로 여겨진다.

　삼국시대의 뼈단지로는 토기가 사용됐다. 그때는 도기(陶器)와 자기(瓷器)가 개발되기 전이었다.

> ☞ 토기 : 점토를 반죽하여 500℃ 이상의 고온에서 구워 만든 용기.
> ☞ 도기(陶器)와 자기(瓷器) : 고려시대 참조.

　경주 남산에서 출토된 통일신라시대(8세기)의 뼈항아리는 내항아리(內壺)와 외항아리(外壺)로 나누어져 있다. 즉 내항아리에 뼈가루를 담은 뒤 내항아리를 외항아리에 넣었다.

　이는 조선시대부터 태항아리가 외호와 내호로 명확히 구분되는 것과 같다. 여기서 알 수 있듯이 뼈항아리가 점차 태항아리로 변모하였을 것이다.

　통일신라 시대의 이 뼈항아리는 꽃 나뭇잎 무늬, 마름모 무늬 등 도색 무늬를 찍어 화려하게 꾸몄다. 바깥 항아리의 어깨에는 같은 간격으로 도깨비 얼굴 모양을 한 4개의 귀를 달았다. 뚜껑의 귀와 네 개의 귀를 끈으로 연결하여 묶었다.

　태항아리하면, '네 뒤가 달린' 항아리, 즉 사이호를 연상한다. 조선시대의 태항아리는 모두 사이호의 형태를 띠고 있다.

　조선시대의 사이호가 불쑥 튀어나온 것은 아니다. 삼국시대의 토기 중에도 '사이호'(四耳壺)의 형태를 띤 용기들이 있었다.

　경북 김천시 대항면 운수리 세계도자기박물관에 전시중인 가야시대의 '두 귀 달린 항아리'와 한양대박물관 소장에 소장돼 있는 '고구려 사이호'가 그것이다.

☞ 사이호(四耳壺) : 네 개의 귀가 달린 단지를 말한다.
　　　　　　　　귀는 대부분 단지의 어깨 부분에 좌우 대칭으로 부착되어 있다.

사이호는 태항아리에서 흔히 보이는 독특한 형태다. 어깨 부분에 네 개의 귀가 달려 있다. 이 사이는 끈을 끼워 사용하기 위한 용도다. 태를 넣고 밀봉할 수 있도록 고안된 것이다.

따라서 삼국시대의 '귀 달린' 항아리들이 점차 발전한 뒤 조선시대에 이르러서는 '사이호'라는 전형적인 태항아리로 정립된 것으로 추정된다.

태항아리는 일반적으로 내호와 외호의 두 개로 이루어져 있다. 먼저 작은 항아리(내호) 밑바닥 중앙에 헌 동전을 글자가 위로 가도록 놓은 뒤, 백 번을 씻은 태를 넣는다. 그리고 나서 기름 종이와 남색 비단으로 항아리 입구를 덥고, 빨간 끈으로 밀봉한 뒤 큰 항아리(외호)에 넣고 빈 공간을 솜으로 채운다. 그 다음에 기름 종이로 단단히 밀봉한 뒤 빨간 헝겊으로 싸고, 빨간 끈으로 항아리의 사면을 정성껏 꼭꼭 묶었다.

끈으로 묶을 수 있도록 뚜껑 꼭지에 네 개의 구멍이 있고, 항아리 어깨 위에 네 개의 고리를 단 것이 외호의 일반적인 특징이다.

국보 제125호 녹유 뼈단지. 국립중앙박물관 소장.
통일신라시대의 뼈단지로 경주에서 출토되었다.

경주시 현곡면에서 출토된 통일
신라 시대의 이중 뼈항아리.

내항아리와 외항아리로 나누어져 있는 통일신라 시대의 뼈단지.

경주시 내남면 화곡리에서 출토된 통일신라 시대 뼈항아리. 아가리 주변에는 맺음고리 3개가 있다.

경상북도 김천시 김천 세계도자기 박물관에 전시중인 가야시대 태항아리.

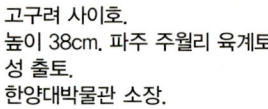

고구려 사이호.
높이 38cm. 파주 주월리 육계토성 출토.
한양대박물관 소장.

2. 고려시대의 태항아리들

고려시대의 고려청자들 중에 네 귀가 달리고 뚜껑에 꼭지가 있는 항아리들이 12세기 전반부터 14세기 전반까지 제작되었고, 남아 있다.

하지만 태지석이 발견된 적이 없고, 내, 외호로 발견되지 않아 태항아리로 쓰였는지 뒷받침해 줄 명확한 자료는 없다.

태항아리는 어깨의 4곳에 홈이 있는 고리를 만들고 실을 꿰어 뚜껑과 함께 잘 고정되도록 한 것이 특징이다. 사이호들은 대체적으로 태항아리라고 할 수 있다.

조선시대의 사이호처럼 '4개의 귀'가 달린 고려시대의 도기(陶器) 항아리 5~6점 전해진다. 이 도기 항아리들은 그 쓰임새가 태항아리로 추정되고 있다.

☞ 도기(陶器) : 1,300℃ 이하의 온도에서 구운 그릇. 도토(陶土),
　　　즉 진흙을 재료로 하여 질그릇 가마(陶窯)에서 구워낸 그릇을 말한다.
☞ 자기(瓷器) : 1,300~1,500℃에서 구운 그릇.

태항아리로 보이는 고려시대의 도기로는 '도기 귀면항아리'(12세기. 개인 소장), '녹유 태호'(성신여대박물관 소장), '도기 태항아리'(관동대박물관 소장) 등이 있다.

이 도기들은 유선형의 몸체에 뚜껑이 달린 태항아리다. 몸체의 어깨 부분에는 대칭이 되도록 귀면이 붙어 있다. 한편으로는 뚜껑과 맞물리게 고리를 만들어 붙였다.

고려시대 초기에는 도기 항아리가 태항아리로 사용되고, 그 이후에는 고려청자와 도기가 함께 태항아리로 사용된 것으로 보여진다.

10세기부터 만들어지기 시작한 고려청자는 그후 발전을 거듭하여 11세기 말에는 종류도 다양해지고 그릇의 모양이나 문양, 구워진 기법 등에서도 고려만의 독특한 특징이 나타났다. 전남 강진과 전북 부안 일대에 관요(官窯) 형태의 대규모 가마들이 설치되었다.

☞ 관요(官窯) : 관청에서 필요로 하는 사기 제작을 위한 사기제조장.

고려청자 사이호 중에는 12세기 전반 경으로 추정되는 '청자 사이호'(영국캐임브리지대학박물관 소장)가 가장 오래된 것이다. 길쭉한 몸체에 허리 부분이 꺾인 형태이다.(출처 : 〈조선시대 백자 태항아리의 성립과 변천(윤용이, 동양미술사학, 2000)〉

12세기의 고려청자 사이호로는 '청자음각연화문호'(미국 프리어 미술관 소장), '청자상감연화문호'(개인 소장), '청자상감운학문호'(국립중앙박물관 소장), '청자상감포도문사이호'(일본 오사까 동양도자미술관 소장) 등이 현존하고 있다.

13세기의 고려청자 사이호로는 '청자상감화문태항아리'(개인 소장), 청자상감국화문사이호'(부산광역시립박물관 소장), '청자상감태항아리'(미국 샌프란시스코 아시아박물관 소장), '청자상감국화문사이호'(국립전주박물관 소장) 등이 전해지고 있다.

그리고 12~13세기에 제작됐을 것으로 추정되는 고려청자 사이호는 '청자철채연

판태호'(연세대박물관 소장), '고려청자흑백상감태항아리'(개인 소장), '청자상감운학문사이호'(강진 고려청자박물관 소장), '청자사이호'(강진 고려청자박물관 소장) '청자상감매로학접문사이호'(강진 고려청자박물관 소장), '청자상감모란연화문사이호'(호림미술관 소장), '흑백상감국화문사이개관청자호'(개인 소장), '고려청자흑백상감갈대국화문사이호'(개인 소장) 등 10여점이 있다.

고려청자가 전성기를 이룬 12~14세기에 제작된 고려청자 사이호는 모두 20여 점 정도가 남아 있다.

♣ 고려시대 도기(陶器) 사이호

고려시대의 도기 귀면항아리.
12세기.
도기(陶器) 항아리이다.
개인 소장.

고려시대 도기 태항아리.
관동대박물관 소장.

'녹유 태호'.
고려시대의 도기 태항아리다.
성신여대박물관 소장.
고려시대 도기 태항아리.
관동대박물관 소장

♣ 12세기의 고려청자사이호

청자상감운학문사이호 1.
12세기 후반, 국립중앙박물관 소장.

청자상감운학문사이호 2.
12세기 후반, 국립중앙박물관 소장.

청자상감운학문사이호 3.
12세기 후반, 국립중앙박물관 소장.

청자상감운학문사이호 4.
12세기 후반, 국립중앙박물관 소장.

청자상감포도문사이호.
12세기.
일본 오사까시립도자미술관 소장.

♣ 13세기의 고려청자사이호

청자상감국화문사이호.
고려 13세기.
국립전주박물관 소장.

부산광역시립박물관 소장
청자상감국화문사이호.
13세기.

♣ 12~13세기 고려청자 사이호들.

청자상감운학문사이호.
강진청자박물관 소장.

청자상감매로학접문 사이호.
강진 고려청자박물관 소장.

청자상감모란연화문사이호.
호림미술관 소장.

흑백상감모란문사이개관청자호.
개인 소장.

고려청자 흑백상감 태항아리.
개인 소장.

고려청자 흑백상감
갈대,학,벌,국화문 사이호.
개인 소장.

청자철채연판태호.
연세대박물관 소장.

청자 사이호.
강진 고려청자박물관 소장.

고려시대 태항아리.
개인 소장

3. 조선시대

조선시대의 태항아리는 크게 왕실에서 사용하던 태항아리와 민간에서 사용하던 태항아리도 구분된다.

태를 항아리에 넣어 보관하는 풍속은 왕가뿐 아니라 가산(家山)을 가지고 있는 중류 이상의 가정에서도 계승돼 왔다.

1) 왕가의 태항아리들

조선시대 왕실에서 사용되던 태항아리는 1996년 서삼릉 태실에서 발굴 조사된 54점의 태항아리를 통해 그 성립과 변천과정 등을 한눈에 파악할 수 있다.

서삼릉 태실의 발굴조사에서는 그 내용물로 태지석과 함께 사이호가 출토되었다. 이로써 대부분 사이호가 태항아리로 사용되었음을 알 수 있다. 이러한 태항아리의 제작은 관요 설치 이전에는 전국의 지방 가마터에서, 관요가 설치된 이후에는 경기도 광주지역에서 이루어졌다.

이미 고려시대의 청자와 상감청자들 중에 4귀가 달리고 뚜껑에 꼭지가 있는 항아리들이 12세기 전반부터 14세기 전반까지 제작되었고, 실제로 남아 있다.

조선시대 태항아리는 시대에 따라 형태가 변화해 갔다. 그 변화 과정은 다음과 같다.

① 1기(조선 건국부터 15세기 중반)

태항아리의 형태가 정립되어 가던 시기다. 이 시기의 태항아리들은 도기(陶器)나 분청사기, 백자로 제작된다.

1기에 속하는 세종의 태항아리부터 인성대군의 태항아리까지를 보면 외항아리는 분청사기로, 내항아리는 백자로 제작되었다. 점차 전형적인 태항아리의 형태를 갖추어 가고 있음을 볼 수 있다.

1기에는 왕실에서도 당시 유행하던 분청사기(粉靑沙器)를 태항아리로 많이 사용했다. 월산대군(1454~1488년) 태항아리와 정소공주(1412~1424년)의 태항아리가 대표적인 분청사기 태항아리다.

☞ 분청사기(粉靑沙器) : 고려청자에서 변형되어 발전한 사기. 고려청자와 조선백자의 중간 단계. 고려청자나 백자에서는 볼 수 없는 자유분방하고 활력에 넘치는 실용적인 형태와 다양한 분장기법(粉粧技法)이 특징이다. 조선 도자공예의 독특한 아름다움을 보인다. 15, 16세기의 약 200여년간 제작되었다.

조선의 안태 제도는 대부분 세종 때 완성되었다고 할 수 있다. 1기의 태항아리를 보면 세종이 즉위(1418년)한 이후의 태항아리들부터 뚜껑 손잡이 목 부분에 구멍이 뚫리고, 항아리 어깨에 4개의 고리가 달리는 형태를 갖추고 있다.

조선시대 백자 태항아리로서 가장 오래된 것은 1397년에 탄생하여 장태했던 세종대왕의 태항아리다. 이 태항아리는 담회청색의 백자로 굽이 높은 대접을 엎어 놓은 형상에 동체가 벌어진다. 주둥이가 넓은 항아리로 두껑과 몸체에 3곳씩 고리가 부착되어 있다.

　따라서 태항아리의 이러한 형태는 세종 때 성립되었을 것으로 사료된다. 또한 예종의 태항아리부터는 외항아리는 분청사기, 내항아리는 백자로 된 구성을 보인다.

세종대왕의 태항아리.
점차 전형적인 태항아리의 형태를 갖추어 가고 있음을 보여준다.

예종의 태항아리.
세종의 태항아리와 함께 조선 전기 태항아리의 모델을 제공한다.

국보 제 177호.
분청사기인화국화문 사이호.
분청사기 특유의 자유분방함을
엿볼 수 있다.

정소공주 태항아리.
분청사기 태항아리로 조선 백자에서는 찾아볼 수 없는 득특한 아름다움이 있다.

② 2기(15세기 후반부터 16세기 말엽)

이 시기부터는 외항아리와 내항아리가 모두 백자(白瓷)로 제작되었다. 조선시대의 백자는 조선의 통치 이념과 부합하는 자기로 집권층에서는 순수한 백자를 선호하였다.

☞ 백자(白瓷) : 백순백색의 바탕흙 위에 투명한 유약을 씌워서 구운 자기.
　　　　　　 고려청자에서 변형된 분청사기(粉靑沙器)와는 구별된다.

2기의 태항아리들은 어깨 부분에 네 개의 고리가 있고, 뚜껑에는 손잡이가 달려 있다. 손잡이의 목에는 十자형으로 구멍이 뚫린 전형적인 태항아리의 형태를 지니게 된다.

15세기 후반인 1470년대 들어서 '경국대전'이 완성되고, 관영 사기공장이 경기도 광주에 설치되면서 나온 백자 항아리들이다. (출처 : 〈조선시대 백자 태항아리의 성립과 변천(윤용이, 동양미술사학, 2000)〉

이 시기의 태항아리 뚜껑을 보면 대체로 윗부분이 평평한 형태를 하고 있다. 2기의 태항아리들은 폭이 넓지 않고, 어깨 부분이 약간 팽창했다가 아래로 내려가면서 폭이 좁아지는 형태를 하고 있다. 조선시대의 다른 태항아리에 비해 키가 큰 태항아리라고 할 수 있다.

이 시기의 대표적인 태항아리는 인종의 태항아리와 명종의 태항아리다. 백자 태항아리의 본격적인 발달이 이루어져 양감 있는 형태를 띠고, 밝은 청색을 띤 단정한 모습이다.

보물 제 1065호로 지정된 조선시대 '백자 태항아리'(우학문화재단 소장)도 이 시기에 나온 명품이다. 이 태항아리는 16세기 후반에 왕실에서 사용됐던 태항아리로 알려져 있다.

2기 태항아리의 유색은 밝은 청색을 띠는 것이 대부분이다. 외항아리의 높이는 35~57cm로 다소 편차가 크며, 내항아리는 23~36cm다. 외항아리와 내항아리 모두 점차 크기가 작아지는 현상을 보인다.

인종의 태항아리.
폭이 넓지 않고, 어깨 부분이 약간 팽창했다가 아래로 내려가면서 폭이 좁아지는 형태다.

명종의 태항아리.
인종의 태항아리와 비슷하게 어깨에서 약간 벌어졌다가 아래로 내려가면서 좁아지는 형태다.

보물 제 1065호로 지정된 조선시대 백자 태항아리.
이 태항아리는 조선시대에 왕실에서 사용됐던 태항아리로 알려져 있다.

③ 3기(17세기부터 17세기 말엽)

  3기의 태항아리들은 2기의 태항아리들에 비해 높이는 낮아지고, 어깨 부분(폭)이 많이 팽창된 모습이다. 외항아리와 내항아리는 거의 비슷한 형태다.

  2기의 태항아리들은 위 아래도 길쭉했다. 그러다가 3기에는 2기의 키 큰 태항아리에 비해 키가 낮아지고, 그 대신에 옆으로 벌어지는 모습을 띠고 있는 것이다. 달리 말하면 조선시대 태항아리 중에 가장 안정된 형태라고 할 수 있다.

  현종의 셋째 딸 숙명공주(1640~1699년)의 태항아리와 숙종의 태항아리가 바로 그런 전형적인 형태를 띠고 있다. 또한 이 시기에 나온 경평군(1600~1673 선조의 11번째 서자)의 태항아리가 비슷한 모양새를 하고 있다.

  뚜껑의 모양은 윗부분이 평평하고, 거의 수직으로 꺾여 내려오는 형태와 윗부분이 볼록하게 솟은 갓형의 2가지 형태로 나타난다. 17세기 후반부부터 항아리의 외면이 S자형에 가깝게 곡선으로 좁아지는 모양이다. 귀는 모두 항아리 어깨 부분에 달려 있다.

  태토는 대부분 백토를 사용하였고, 유색은 대부분 밝은 청색을 띠고 있다. 뚜껑을 포함한 태항아리의 전체 높이는 외항아리가 26~32cm로 2기에 비해 높이가 낮아졌음을 알 수 있다. 내항아리의 높이는 15~19cm로 역시 크기가 작아졌음을 알 수 있다.

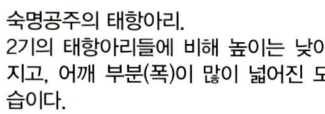

숙명공주의 태항아리.
2기의 태항아리들에 비해 높이는 낮아지고, 어깨 부분(폭)이 많이 넓어진 모습이다.

숙종의 태항아리.
위에 있는 숙명공주의 태항아리와 비슷하게 높이가 많이 낮아진 모습이다.

숙종과 숙명공주의 태항아리와 비슷한 모양을 가진 17세기 경평군의 태항아리.

④ 4기(18세기부터 19세기 말엽)

4기의 태항아리는 3기의 태항아리보다 폭이 더 넓어진 형태를 보인다. 3기의 태항아리에 비해 키가 낮아지고, 옆으로 벌어져 풍만한 여인의 몸매 같은 모양을 띠는 것이다.

이 시기에 나온 외항아리 뚜껑의 손잡이는 보주(寶珠)형이다. 뚜껑의 모양은 위가 볼록하게 솟았고, 아래로 갈수록 밖으로 넓게 벌어지는 갓형을 하고 있다.

> ☞ 보주(寶珠) : 보배로운 구슬 형태.

이 시기에 제작된 정조의 태항아리와 사도세자의 태항아리를 살펴보면 이처럼 변모된 모습이 확실히 눈에 띈다. 이와 함께 순조의 태항아리도 4기 태항아리의 전형적인 모습을 하고 있다.

항아리의 모양은 어깨 부분이 바깥쪽으로 넓어지며, 아래로 갈수록 폭이 좁아진다. 후기로 갈수록 항아리의 외면이 S자형에 가까워진다.

고리는 초반에 어깨보다 약간 아래쪽에 달려 있다가 후반으로 가면서 위치가 아래로 내려가는 모습이다. 항아리 몸체는 외항아리와 마찬가지로 형태 변화를 보인다. 귀 역시 초기에는 어깨 조금 아랫 부분에 붙어 있던 것이 점차 아래 쪽으로 내려가는 모습이다.

태토는 모두 백토를 사용하였고, 유색은 밝은 청색을 띠고 있다. 뚜껑을 포함한 전체 높이는 외항아리가 26~32cm로 역시 3기와 거의 비슷하다. 내항아리는 16~20cm로 3기와 거의 차이가 없다.

정조의 태항아리.
3기의 태항아리보다 폭이 더 넓어진 형태를 보인다.

사도세자의 태항아리.
정조의 태항아리와 흡사하게 어깨 부분이 바깥쪽으로 벌어져 있다.

영조의 태항아리.
손자인 정조의 태항아리와 비교할 때
크게 다를 게 없는 형태다.

순조 태항아리.
정조와 사도세자의 태항아리와 비슷한 형태를 띠고 있다.

⑤ 5기 (20세기 전반)

비교적 자유분망한 모양의 태항아리라고나 할까? 5기의 태항아리들은 이전의 전형적인 태항아리에서 많이 벗어난 모양새다.

이 시기에 제작된 고종의 고명딸 덕혜옹주의 태항아리나 고종 제구남의 태항아리를 보면, 이전과는 확실히 다른 모습을 볼 수 있다.

또한 왕세자 이궁의 태항아리는 예전과는 달리 파격적이다. 이와함께 이 시기에 나온 왕세자 진전하의 태항아리는 파격적이다 못해 태항아리라기보다는 나무 함에 가깝다.

외항아리 뚜껑을 보면 위가 납작하고 둥근 손잡이가 달려 있다. 손잡이 목 부분에는 十자형의 구멍이 뚫려 있다. 뚜껑은 반원형이다. 항아리 몸체에는 4개의 작은 고리가 달리고, 몸체의 모양은 굽이 달린 밥그릇의 형상이다.

몸체에는 고리가 달려 있지 않고, 뚜껑의 중앙 부분에 고리와 같은 모양의 손잡이가 달려 있다. 내항아리는 초벌구이 한 접시에 가까운 형태다. 뚜껑에 손잡이는 달려 있지 않다.

확연하게 차이를 보이는 왕세자의 태항아리를 제외한 5기 태항아리의 전체 높이는 외항아리가 31~33cm, 내항아리가 17cm~23cm 정도다.

이전의 태항아리와는 달리 파격적인 형태를 띤 왕세자 이구의 태항아리

왕세자 진전하의 태항아리는 파격적이다 못해 태항아리라기보다는 나무 함에 가깝다.

덕혜옹주의 태항아리.
전형적인 태항아리에서 많이 벗어난 형태다.

고종 제구남의 태항아리.
덕혜옹주의 태항아리처럼 전형성에서 벗어나 밥그릇 같은 형태를 띠고 있다.

서삼릉 태실 태항아리 시기별 분류도(형태 구조)

시기	분류
14세기	太祖(1335年~)　定宗(1357년~)　太宗(1367年~)　世宗(1397年~)
15세기	成宗(1458年)　王子壽長(1482年)　安陽君(1484年)　完原君(1484年)　甄城君(1486年)　寧山君(1494年)
16세기	燕山君女福合(1501年)　燕山君元子金艺伊(1501年)　燕山君子仁壽(1501年)　仁宗(1521年)　徳惠公主(1523年)　德興大院君(1530年)　明宗(1538年)　宣祖(1570年)　仁城君(1589年)
17세기	慶平君(1608年)　仁興君(1608年)　明惠公主(1660年)　明善公主(1660年)　崇敬公主(1660年)　顯宗(1661年)　明淑公主(1662年)　英祖(1695年)　延齡君(1699年)
18세기	莊祖(1735年)　鶴明發振(1750年)　正祖(1753年)　英祖王女(화협옹주)(1753年)　英祖王女(화평옹주)(1754年)　文孝世子(1783年)　純祖(1790年)
19세기	憲宗(1827年)　哲宗王世子(1851年)　純宗(1874年)　李王殿下(1897年)
20세기	德惠翁主(1912年)　高宗第八男(1914年)　高宗第九男(1915年)　王世子(1932年)　文宗　世祖　燕山君母尹氏

2) 사대부 집안과 민간의 태항아리들

우리 조상들은 갓난 아기의 태를 잘 처리하면, 그 태의 주인공이 건강하고 좋은 운명을 맞을 수 있다고 믿었다. 왕실에서는 자손을 출산하면, 태를 담은 태항아리를 길지로 알려진 산 정상에 묻었다.

민간에서도 사대부 집안의 경우 태는 태아의 생명력을 부여한 것이라고 인정해 태항아리에 정성껏 담은 뒤 가산(家山)에 안장했다. 그리고 상서로운 방향의 산을 찾아 그곳에 묻기도 했다. 태실을 만들기에는 비용이 적지 않게 들고, 번거로운 절차로 인해 여간해서는 만들지 않았다.

항아리의 질이나 크기만 다를 뿐, 태항아리는 조선 왕실이나 사대부 양반가, 그리고 일반 백성까지 두루 사용하였다. 태항아리 전통은 현존하는 민속으로도 여전히 전승되고 있다.

16세기 묵재(默齋) 이문건(李文楗)의 〈양아록(養兒錄)〉에는 당대의 안태 실상이 묘사되어 있다. 계집종에게 손자의 태를 개울에서 깨끗이 씻게 하고, 이를 황색의 사기 항아리에 담아 기름 종이로 덮고 끈으로 묶은 다음, 이를 집으로 가지고 와서 묻어 두었다는 기록이 이 책에 나온다.

민속 자료에서도 태를 항아리에 보관하는 사례가 적지 않게 찾아볼 수 있다. 태를 태운 재를 태항아리에 담아서 태주(胎主)가 혼인하면 주든가, 또는 상서로운 방향의 산을 찾아 그곳에 묻는다. 그러나 태를 태우지 않고 항아리에 담아 매장하는 경우도 있었다.

이때는 태항아리의 안쪽 바닥 가운데에 구멍을 내어 태의 물이 서서히 빠져나가도록 한다. 태항아리는 길지를 잘 가려서 묻어야 한다. 그렇지 않으면 태주가 눈을 잘 뜨지 못하거나 시름시름 아플 수 있다고 한다. 이런 일이 생기면, 빨리 이장해야 했다. 때로는 집안의 대문이나 산실과 일직선 방향에 있는 산기슭에 묻기도 했다.

민간에서 사용된 것으로
추정되는 태항아리.
광주시립민속박물관 소장.

아기의 태를 담아 매장했던 태항아리는 태 뿐만 아니라 아기가 죽으면 아기의 시신을 담아서 매장하는 아기 무덤으로 사용되기도 했다. 이 무덤을 산간지방에서는 '아장 사리'라고도 했다. 아기가 죽으면 관을 사용하지 않고 항아리에 넣은 것은 절차가 간단하면서도 아기의 시신을 안전하게 묻을 수 있었기 때문이었다.
시골이나 산간 지방에서는 '아장사리터'라 해서 그 흔적이 발견되곤 한다.

때로는 태항아리를 집안의 대문이나 산실과 일직선 방향에 있는 산기슭에 묻는 경우도 있었다. 그럴 때는 태항아리의 안쪽 바닥 가운데에 구멍을 내어 태의 물이 서서히 빠져나가도록 했다.

사대부 집안에서 유행하던 이같은 습속은 일반 가정에도 전해지고, 약식으로나마 이 풍습을 따랐다. 왕가나 사대부 집안에서는 백자나 분청사기(粉靑沙器) 같이 값나가는 항아리를 사용했으나, 일반 백성은 질항아리를 사용했다.

일반 백성들이 태가 담긴 항아리를 매장하던 장소는 돌이 많은 곳이다. 그런 곳을 약간 파고, 태항아리를 묻고는 그 위를 돌로 메웠다. 그것은 태항아리의 분신과 도난을 염려해서였다고 전해진다. 흙은 쉽게 파서 태항아리를 가져갈 수 있지만, 돌무더기 속은 보다 안전했기 때문일 것이다.

15~16세기에는 당시 크게 유행하던 분청사기가 민간에서 태항아리로 많이 사용됐다.

이런 민간의 태항아리들이 출토되어 오늘날까지 전해지고 있다. 그 형태는 자기 각색이다.

사대부 집안의 태항아리로 사용된 분청사기연화상감당초문사이호.
분청사기.
국립진주박물관 소장.

분청사기상감연화문사이호.
개인 소장.

분청사기상감연화문사이호.
호림미술관 소장.

분청사기 상감인화당초문사이호.
호림미술관 소장.

분청사기 인화문사이호.
호림미술관 소장.

안타까운 역사의 한 자락...
해외로 빼돌려진 수많은 태항아리들

　우리 조상들의 혼이 담긴 태항아리들이 셀 수 없이 해외로 밀반출됐다. 참으로 많고 많은 태항아리들이 일제강점기부터 이 땅에서 빼돌려졌다.
　일본 동경국립박물관, 오사카의 동양도자미술관, 이데미츠(出光)미술관, MOA미술관 등이 소장중인 태항아리는 그런 태항아리들이다.
　또한 영국 케임브리지대학박물관, 미국 클리브랜드박물관, 워싱턴의 프리어미술관, 호놀룰루미술관, LA카운티 미술관, 샌프란시스코 아시아박물관 등에 소장된 많은 태항아리들도 밀반출된 문화재다.
　뿐만 아니라 외국인 개인이 소장한 태항아리 역시 많이 있는 것으로 추정되고 있다. 그런 모든 태항아리들은 약탈 문화재에 다름 아니다.
　태항아리 뿐이던가? 문화재청에 의하면 해외에 있는 우리 문화재는 76,000여점으로 일본에 34,157점, 미국 16,812점, 영국 6,610점, 독일 5,289점, 러시아 3,554점, 프랑스 1,960점, 중국 1,434점 등 우리가 상상했던 것보다 훨씬 많은 문화재가 해외를 떠돌고 있다. 이들 문화재는 임진왜란과 병인양요, 6·25 전쟁 등 각종 전쟁과 일제 강점기, 미군정기와 같은 사회적 혼란기에 유출된 것이다. 이 가운데 국보나 보물급에 해당하는 우수한 문화재가 상당수 포함되어 있어 우리의 가슴을 서글프게 한다.
　특히 세계 최초의 금속활자본 '직지심체요절'과 통일신라의 승려 혜초가 쓴 인도기행문 '왕오천축국전'이 프랑스에 가 있는 것은 통탄할 만한 일이다.
　한국 회화의 걸작 '몽유도원도'와 고려 불화 중에 가장 빼어난 '수월관음도'를 일본에 약탈 당한 것은 어찌하랴.

◆ 일본에 유출돼 있는 태항아리들.

일본의 동경국립박물관.

동경국립박물관 소장 백자태항아리.

일본 오사카의 동양도자미술관. 중국 도자기, 한국 도자기, 베트남 도자기 등 총 965점의 아타카 컬렉션이 전시돼 있다.

동양도자미술관 소장 분청인화국화문 사이호.

동양도자미술관 소장
분청인화국화문호.

동양도자미술관 소장
분청인화 승렴문호.

일본 큐슈에 있는 이데미츠(出光)미술관.

분청사기 상감모란문
태항아리.
일본 이데미츠(出光)
미술관 소장.

분청사기 상감모란문 태항아리 2.
일본 이데미츠(出光)미술관 소장.

◆ 미국에 유출돼 있는 태항아리들.

청자음각연화문호.
미국 워싱턴의 프리어미술관 소장
고려청자 태항아리.

미국 샌프란시스코 아시아박물관 소장.
백자 태항아리.

분청자인화문합천장흥고명사이호.
분청사기.
미국 호놀룰루미술관 소장.

미국 샌프란시스코 아시아박물관에 소장된 청자상감태항아리.

미국 클리브랜드박물관 소장 태항아리. 맨 왼쪽.

◆ 일제강점기에 도굴되거나 바꿔치기 당한 태항아리들.

백자항아리 일본제로 "바꿔치기"

서삼릉 발굴조사

일제는 조선의 민족정기말살을 위해 조선왕조의 태실(胎室)을 강제이전, 조성한 뒤 태실내의 태항아리 등도 일본으로 유출해간 것으로 드러났다. 일제는 또 이 과정에서 태항아리와 석함 등 태실시설도 조잡한 일본제로 바꿔치기한 것으로 밝혀졌다.

문화재관리국은 15일 일제가 조선의 왕과 왕족의 태(胎) 일부를 모아 집단조성한 곳으로 조성의도에 의혹이 제기돼 왔던 경기 고양시 원당동 서삼릉내 태실 54기 중 왕의 태실 2기와 대군의 태실 1기에 대한 긴급발굴조사를 벌여 이같은 사실을 밝혀냈다.

태실이란 왕실에서 왕·왕비·대군·왕세자 등 왕족이 출산하면 그 태를 봉안했던 곳으로 서삼릉태실은 1930년대초 일제가 조선왕실의 태실 54기를 전국에서 모아 조성한 곳.

문화재위원들이 참석한 가운데 진행된 이날 발굴조사에서는 憲宗, 仁城大君(예종의 아들), 景宗 태실 등 3기만 표본삼아 조사가 돼 태항아리 4점, 태지석 2점이 수습됐다. 이가운데 인성대군의 안쪽 태항아리는 높이 45㎝규모로 15세기의 전형적인 백자항아리로 감정돼 진품일 것으로 추정됐다.

그러나 헌종태실의 백자 태항아리 2점과 인성대군 태실의 백자 태항아리 1점은 모두 조선백자가 아닌 일제의 백자기법으로 만들어진 항아리로 밝혀져 가짜 태항아리인 것으로 드러났다.

또 경종의 태항아리와 태지석은 모두 도굴된 것으로 조사됐다. 헌종태실에서 나온 백자 태항아리를 감정한 鄭良謨관장은 『항아리의 비례나 유약의 처리방식이 전형적인 일제 도자기 형태』라며 『일인들이 조선백자항아리를 모두 꺼내 의도적으로 외부로 유출했음을 알 수 있다』고 말했다.

이와함께 기존 조선태실의 태항아리가 석함에 담겨있었던 것과는 달리 이번에 조사된 태항아리는 조잡한 시멘트관에 담겨있는 채로 발굴돼 일제가 의도적으로 석함을 제거한 것으로 밝혀졌다.

문화재위원들은 이날 1차조사결과 『일제가 조선왕조가 신성시했던 태실을 민족정기 말살차원에서 강제로 옮겨와 서삼릉에 조성하면서 태실내의 백자항아리들을 일본으로 유출해갔거나 파기한 것으로 보인다』고 잠정결론지었다. 〈桂正勳기자〉

15일 문화재관리국이 경기 고양시 서삼릉 태실에서 발굴한 헌종의 태실 내부모습. 태항아리는 조선백자항아리가 아닌 일제시대때 제작된 항아리로 밝혀져 일제가 태실을 의도적으로 훼손한 것으로 드러났다.

1996년 서삼릉 태실에 대한 발굴 조사를 벌인 결과,
일제 침략자들이 조선의 백자항아리를 빼돌리고 태항아리 모조품을 묻은 것으로 밝혀졌다.
경향신문 1996년 3월 16일자 보도.

우리의 귀중한 문화재인 태항아리들은 어떤 과정을 거쳐, 어떤 경로를 통해 해외로 빼돌려졌을까?

태항아리의 밀반출은 일제강점기부터 시작됐다. 일제는 전국의 태실을 파헤치면서 태를 담아둔 조선 백자들을 모조리 도굴해 갔다. 그런 사실은 문화재관리국이 1996년 실시한 서삼릉 태실에 대한 발굴 조사에서 분명히 밝혀졌다.

일제는 1929년 전국 각지에 흩어져 있던 임금의 태 22위와 세자, 대군, 공주의 태 32위 등 총 54위의 태를 이전하여 서삼릉 태실에 모아놓았다. 당시 조선총독부는 '태실이 파괴될 염려가 있다'는 명분을 내세워 서삼릉 태실을 조성했다.

이 과정에서 원래 사용되던 태항아리에서 싸구려 도자기로 바꾸어 안치하거나, 태 자체를 소실했다. 이같은 만행은 일제강점기에 공권력에 의해 자행된 것이다.

뿐만 아니라 당시 우리나라에 거주하던 일본인들에 의해 도굴되어 밀반출된 태항아리들은 얼마나 많았을까? 도굴이 버젓이 자행되어도 누구 하나 나서지 않고 쉬쉬하던 어둠의 시대였다.

대표적인 사례가 월산대군의 태항아리다. 월산대군의 16대손인 이일섭옹에 따르면 1937년경 태항아리와 태지가 도굴되었다고 한다.

이 태항아리는 그동안 유명한 일본인 기업가 아타카 에이치의 소장품이었다. 높은 안목을 자랑하는 수집가 아타카는 한국 도자기만도 763점을 수집했다. 아타카의 수집품들은 모두 일본 오사카의 동양도자미술관에 소장돼 있다.

재일동포들이 벌인 재일 한국문화재 되찾기운동을 보도한
동아일보 11월 8일자 기사.

1976년 11월 재일동포들은 아타카가 약탈해간 우리 문화재를 되찾아오기 위해 '재일 한국문화재 되찾기 운동'을 벌였다. 하지만 성과는 없었다.

　일제강점기에는 아타카 같이 도굴꾼들의 도굴 행위를 뒤에서 조종하고, 혹은 직접 지원한 돈 많고, 악질적인 일본인 수집가가 여러 명 있었다. 오구라와 가루베 등이 바로 그들이다.

　오구라는 대구에서 전기회사를 운영해 막대한 부를 쌓았다. 그 부를 이용해 1921년부터 우리 문화재를 마구 도굴, 수집했다. 일본이 제2차 세계대전에서 패하자, 수집한 1,000여점의 유물들을 밀항선에 싣고 일본으로 돌아갔다.

　'오구라 컬렉션'에는 그림, 조각, 공예 등 다양한 분야에 걸쳐 우리 문화재가 포함돼 있다. 이 가운데 신라금동관모 등 39점은 일본의 국가문화재로 지정될 정도로 그 가치가 높다. 1982년 오구라의 그 수집품들을 동경국립박물관에 기증됐다.

　가루베는 일제 강점기에 '도굴왕'으로 불렸다. 1927년 공주고등학교 교사로 부임한 가루베는 백제 성왕의 무덤으로 추정되는 송산리 6호분을 파헤치고, 수많은 백제 유물들을 수집했다. 일제가 패망한 직후에는 백제 유물을 트럭 한 대분이나 싣고 일본으로 도망쳤다.

　오구라와 가루베 같은 악질 수집가에 의해 일본으로 흘러간 태항아리들은 또 얼마나 많았을까?

◆ **해방 후에 날뛴 태실 전문 도굴범들.**

　1945년 해방 후에는 태실 전문 도굴범들이 날뛰었다. 경향신문 1964년 10월 21일자에 〈태능(태실) 파먹는 인간 두더지〉라는 제목으로 실린 기사는 태실 전문 도굴범들의 실체를 보여준다.

  당시 경향신문의 보도에 따르면 체포된 일당 4명은 시골 노인에게 막걸리를 사주며 태봉산이 있는 소재를 파악한 후 긴 쇠꼬챙이로 깊이 3m 가량 되는 묘를 깊숙이 찔렀다고 한다. 이렇게 해서 2년 동안 10여회에 걸쳐 50여개의 태항아리를 파서 골동품 암매상에게 1만원~2만원에 팔았다는 것이다.

  이 신문 기사를 보면, 자그마치 압수된 태항아리가 50개다. 50여개의 태실을 도굴하고 태항아리를 꺼내왔다는 얘기다. 이외에도 얼마나 많은 태항아리들이 도굴되어 해외로 밀반출되거나 국내에서 암거래됐을까?

  이어 같은 날짜 경향신문의 '지방판'에 실린 후속 기사를 보면, 이 태항아리들은 중간 거래자를 거쳐 외국으로 유출될 위기에 놓여 있었다고 한다.

  이 일당들은 서울 자양동의 태봉산과 경북 울진의 태봉산, 삼척 충주 광주 속초 원주 등지의 태실을 파헤쳤다.

태실 전문 도굴범들의 체포를 보도한 경향신문 1964년 10월 21일자 기사.
태실이 태릉(胎陵)이라고 표현돼 있다.

그런가 하면 경향신문 1962년 7월 29일자 신문에는 '약 450년 전 왕실의 유물인 듯....'이라는 제목으로 태항아리 기사가 실려 있다. 조선시대 왕자녀의 태실을 파헤쳐 얻은 태항아리를 팔아넘긴 한 농부의 검거 기사이다. 농부가 팔아넘긴 태항아리와 거의 같은 태항아리가 국립중앙박물관에 소장돼 있다고 이 기사는 전한다.

이 기사에 따르면 검찰과 경찰은 태항아리의 행방을 쫓고 있으나, 누구의 손에 들어갔는지 전혀 행방이 묘연하다고 한다.

이렇게 도굴되어 팔려나간 태항아리들이 해외로 밀반출되어 해외 박물관에 전시되고 있는 것이다.

가장 뛰어난 미학적 성취를 보여준 항아리는?
세종대왕 태항아리와 칠계칠년이 쓰인 태항아리

국보 제 177호 태항아리. 1970년도 고려대학교 구내에서 건축공사를 하던 도중 발견된 유물로 15세기 중엽 인화문 분청사기의 가장 세련된 작품 중에 하나이다.

이 태항아리를 비롯해 아름다움을 뽐내는 태항아리들이 즐비하다. 그중에서도 미학적 가치가 가장 뛰어난 태항아리로는 '세종대왕 태항아리'와 '천계칠년 태항아리'를 꼽을 수 있다.

1397년에 탄생한 세종대왕의 태항아리는 담회청색의 백자로 조선시대 백자 태항아리 중에 가장 오래된 것이다. 외항아리의 경우 높이 50.5cm로 다른 태항아리들보다 훨씬 크다. 꼭지가 높은 뚜껑에 몸체가 벌어지고 입이 넓다. 그리고 뚜껑과 몸체에 끈을 묶기 위한 4개의 고리가 달려 있다. 뚜껑은 굽이 높은 넓은 접시를 엎어놓은 모양이다.

이에 앞서 제작된 태종의 태항아리는 끈을 묶는 고리가 없었다.

이 태항아리는 검소와 절제를 중시하는 조선 사대부의 사상과 취향이 잘 담겨 있다. 순수와 절제의 아름다움이 돋보인다. 우유빛이 감도는 아이 보리색으로 보는 이로 하여금 편안한 마음을 갖게 한다.

태의 주인공과 출생 일시, 장태 시기 등을 말해주는 세종대왕의 태지석은 임진왜란 후 1601년(선조 34) 경남 사천시 곤명의 세종대왕 태실을 고칠 때 새로 만든 것이다.

세종대왕의 태항아리와 태지석은 국립고궁박물관에 소장돼 있다.

'천계칠년'으로 이름된 태항아리의 주인공은 선조(1567~1608)의 12번째 서자인 인흥군의 제이녀(第二女)다. 천계는 중국 명나라 희종의 연호이고, 천계 7년은 1627년이다.

이 태항아리는 제작 연대가 뚜렷하므로 조선 중기의 백자 연구에 매우 귀중한 편년 자료가 되고 있다. 태항아리의 불룩한 어깨에는 고리형 귀가 일정 간격으로 네 군데 달려 있다. 뚜껑 꼭지는 둥글고, 납작한 원반형이며 가운데 구멍이 뚫려 있다.

회색과 담청색을 머금은 백자 유약은 광택이 은은하다. 굽은 안바닥을 파 들어간 형식이다. 바닥에는 가는 모래가 붙어 있다. 뚜껑 내면에는 둥근 받침자국이 남아 있다. 숙종의 백자 태항아리(1661)도 이 '천계칠년' 태항아리와 유사하다.

이 태항아리는 경기도 고양시에서 태지석과 함께 출토됐다.

그런데 특이하게도 백자 접시를 태지석으로 사용했다. 이 백자 접시 태지석은 태항아리의 아름다움을 더욱 돋보이게 한다. 태항아리 외호와 내호, 그리고 백자 접시 태지석은 외형과 때깔, 문양이 눈부시다. 눈 같이 흰 순백색이 강조된 '순백자'(純白磁)다. 고려청자보다 감동적인 백자의 세계라고나 할까? 국립중앙박물관에 소장돼 있다.

국보 제 177호 태항아리 내호.
고려대박물관에 소장돼 있다.
분청사기의 가장 세련된 작품 중에 하나다.

순수와 절제의 아름다움이 돋보이는 세종대왕의 태항아리.
현존하는 조선 백자 태항아리 중에 가장 오래된 것이다.

서울 광화문 앞에 있는 세종대왕 동상

눈 같이 흰 순백색이 강조된 '천계칠년 태항아리'.
고려청자보다 감동적인 백자의 세계를 보여준다.

독특한 형식미를 뽐내는 태항아리들

문화 유산으로서의 태항아리들은 하나의 예술품으로 존재감이 돋보인다. 조선시대에 이르러 도자기 문화가 꽃피우면서 온갖 꽃이 만발하듯이 독특한 형식미를 갖춘 태항아리들이 나타났다. 이들 태항아리들은 규격에 얽매이지 않고 형태를 띠고 있다.

조선시대의 다양한 태항아리들은 마치 화려하되 사치스럽지 아니하고, 검소하되 누추하지 않는 백제의 문화를 연상시킨다고나 할까?

세종대왕의 왕자 계양군의 태항아리.
높이 18.4cm. 경기도 용인 호암미술관에 소장돼 있다.
계양군은 세종대왕의 둘째 서자다.

1977년 12월 20일 경북 성주군 월항면 인촌리 세종대왕자 태실에서 왕자들의 태지와 함께 박수웅씨에 의해 발견된 항아리.

시대 미상(時代未詳)의 태항아리.
서강대박물관 소장.
단단한 경질의 도기(陶器)이다.
기형은 바닥이 평평하고, 몸체는 길다.

조선시대 백자사이호.
동국대박물관 소장.
언뜻 투박해 보이면서도 정감이 간다.
어깨에서 팽창했다가 다시 곡선을 이룬다.

조선시대의 '죽순형' 백자태호.
죽순(竹筍)은 대나무의 땅속 줄기에서
돋아나는 어린 싹을 말한다.
전체적으로 태항아리의 모양이 죽순과
비슷하게 생겼고, 죽순형 꼭지가 달린
뚜껑이 있다.
어깨부분에 3개의 귀가 달렸다.
계명대박물관 소장.

조선시대 순백자(純白磁) 원통형 태항아리.
구연(口緣)이 크고 기형이 길죽하다.
기본적으로 원통형(圓筒形)에 가까우나 아래로 갈수록 서서히 좁아지고 있는 형태이다.
연세대박물관 소장.

조선시대 백자 태호.
구연(口緣)은 넓고 한껏 부풀어 오른 윗 부분 네 곳에 각이 진 귀가 달려 있다.
국립진주박물관 소장.

동아대학교박물관 소장 분청사기인화국화문사이부태호.
언뜻 투박해 보이면서도 격조 높은 향식미가 엿보인다.

분청사기 상감연화당초문
태항아리.
개인 소장.
항아리 모양으로 화려하되
사치스럽지 않은 형식미를
자랑한다.

분청사기무늬 태항아리.
리움미술관 소장.

- 제 2 장 -
아스라이 사라져가는 고려 태실들....

제 2 장 – 아스라이 사라져가는 고려 태실들....

고려 왕실의 안태 풍속이 기록돼 있는
세종실록지리지.

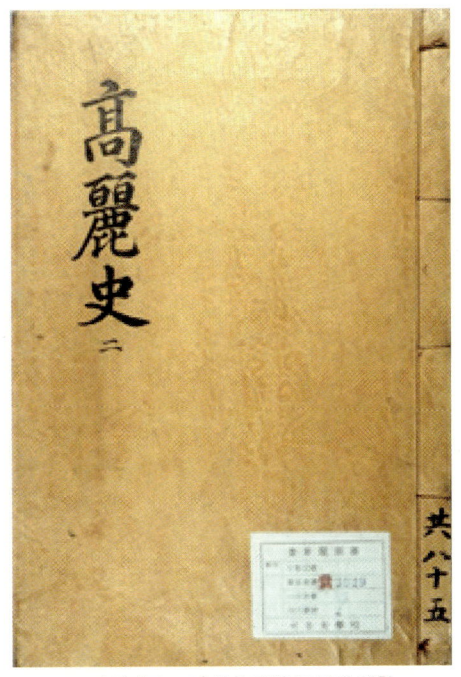

고려사에도 고려시대 태실 조성에 대한
기록이 등장한다.

안태(安胎) 풍속은 우리 나라 왕실에서 행해진 오래된 문화이다. 그리고 다른 나라에는 없는 풍속이다.

안태의 역사는 신라시대 김유신의 장태 기록에서 그 기원을 찾을 수 있으며, 고려시대를 거쳐 조선시대까지 그 맥을 이어왔다.

〈고려사〉와 〈세종실록지리지〉의 기록을 보면, 고려 왕실에서는 왕과 왕위를 이을 태자에 한해 태실을 조성했던 것으로 보인다. 왕비와 왕자, 왕녀의 태실은 마련되지 않았던 것으로 추정되고 있다.

고려시대에 임금의 태실이 조성된 지역은 모두 한 등급 승급되었고, 그곳 백성들은 태실을 자랑스러운 것으로 받아들였다.

이렇게 정착된 고려 왕실의 안태 제도는 조선 왕실에도 그대로 계승되었다.

하지만 고려 왕조의 태실은 이제 역사의 뒤안길에서 아스라이 사라져가고 있다.

1. 고려 태조 왕건의 태실

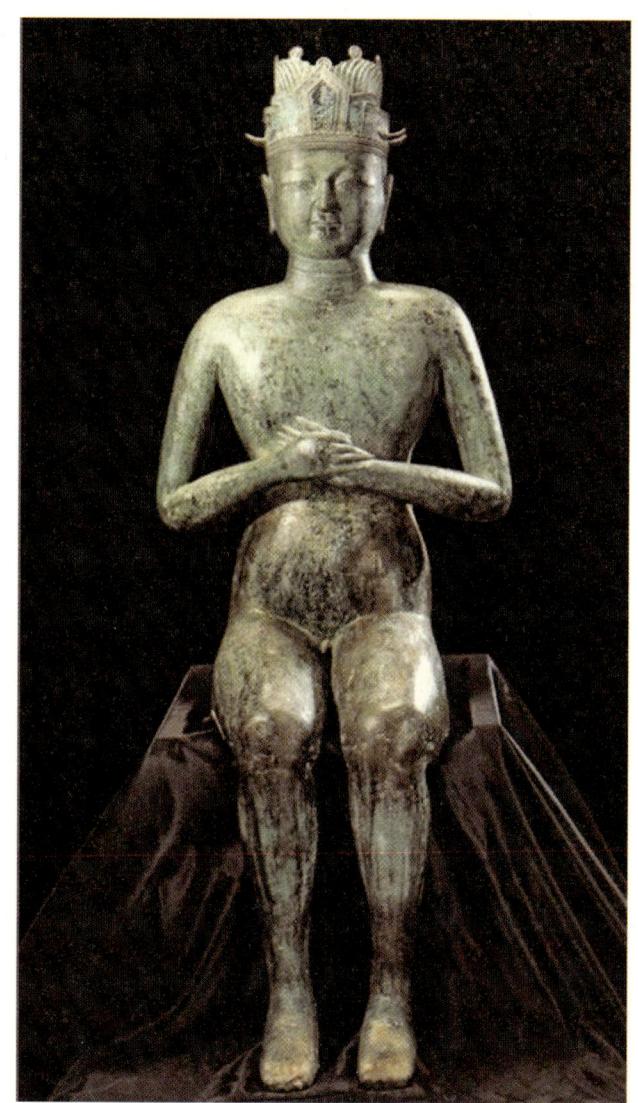

고려 태조 왕건 청동상.
1993년 개성에 있는 태조 왕건의 왕건릉에서 출토됐다.

> 〈또 수보(數步)를 올라가면 대흥사(大興寺)라 하는데 지금은 옛터만이 있으며, 절 위쪽에 여러 암자와 옛터가 있다. 이곳 옛터 가운데 태안(泰安)은 고려 태조의 태실이다. 대개 동네 가운데에는 수목이 울창하여 햇빛이 비치지 않는데, 여름이 되면 녹음이 길을 덮고, 목련화가 피어 맑은 향기가 코를 찌른다. 가을이면 단풍과 누런 잎이 거꾸로 비치니 참으로 아름다운 곳이다〉 『신증동국여지승람 : 1534년』 개성부(開城府) 상산천(上山川)』

이 기록은 조선 중종 연간까지 고려 태조 왕건(王建, 877~943, 재위: 918~943)의 태실이 황해도 개성시 박연리 태안에 있었음을 알려준다. 또한 그곳은 수목이 울창하고 경치가 수려한 곳이었음을 알 수 있다. 어쩌면 고려 태조의 태실은 그때까지도 잘 보존되었을 가능성이 크다.

이 기록에 등장하는 대흥사(大興寺)는 태조 왕건의 태봉 수호와 안위를 맡은 수호 사찰이었다.

왕건의 태실지 태안(泰安)은 조선시대에는 태안(胎安)으로도 표기했다. 강세황(姜世晃)의 〈송도기행첩(松都紀行帖)〉에는 이곳을 '태안창(泰安倉)'이라 표기하고 있다.

> ☞ 강세황(姜世晃 1713~1791) : 조선 후기의 문인 서화가이자 평론가. 한국적인 남종 문인화풍을 정착시키고, 진경산수화를 발전시켰다.

북한에서 발행한 〈조선유적유물도감〉에는 개성의 대흥산성과 관련된 사진도 수록되어 있다. 또한 주변의 사진과 평면도도 함께 수록되어 있다. 여기에는 지금도 대흥사가 있다.

왕건의 태실은 〈신증동국여지승람〉 기록에 나와 있는 것처럼 대흥사 위쪽의 어느 봉우리였을 것으로 보인다.

대흥산성은 황해북도 개성시 박연리에 있다. 고려의 수도인 개성을 방위할 목적으로 축성한 대흥산성은 동서남북에 큰 성문이 있었다. 대흥산성의 북쪽에 있던 이 문은 지금까지 석축과 문루가 그대로 남아 있다.

고려 태조 왕건은 궁예를 섬겨 신임과 인망을 얻었고, 궁예의 태봉(泰封) 건국에 큰 공을 세웠다. 궁예가 민심을 잃자, 국왕으로 추대되어 국호를 고려라 하고 개성에 도읍을 정했다. 935년 신라의 항복을 받고, 936년 후백제를 멸망시켜 삼국을 통일했다.

태조 왕건은 신라와 후백제의 유민들을 융화하는 정책을 쓰고, 숭불 정책으로 불교를 국교로 삼았다. 고구려의 전통을 이어받고 옛 땅을 찾으려는 북진정책을 펴 영토를 확장했다.

개성시 대흥산성의 남장대.
이 산성의 남쪽 언저리에 고려 태조의 태봉이 있었다.

조선 후기 문인화가 강세황의 '송도기행첩(松都紀行帖)'에서의 대흥사.

고려 태조 왕건 왕릉. 경기도 개풍군 중서면 곡령리에 있다.
봉분 앞에는 석상, 장명등이 있다.

고려 태조 왕건의 초상화(상상도)

2. 17대 임금 인종의 태실

고려 인종(仁宗, 1109~1146, 재위 1122~1146)의 태실은 경남 밀양시 초동면 성만리 초동중학교 뒷구릉인 귀령산(龜齡山)에 있다. 고려 국왕의 태실 가운데 가장 남쪽에 자리한다.

〈동국여지승람〉의 『밀양도호부 산천』에 '귀령산은 수산현의 북쪽 15리에 있다. 고려 인종이 이곳에 태를 묻었다'고 나와 있다.

태가 안장된 귀령산은 덕대산 줄기가 멈춘 곳으로 앞에서 보면, 사발을 엎어놓은 것과 같은 구릉의 형태다.

일제강점기에 조사 보고된 〈조선보물고적조사자료〉에는 기단이 5칸, 높이가 4척이라 소개했다.

당시 이미 도굴된 상태였다. 지금도 도굴된 채 그대로 방치돼 있다. 태실의 뚜껑이 열린 채 동쪽으로 밀쳐져 있고, 안이 드러나 있다.

태실은 길이와 너비가 각각 70cm, 깊이가 77cm 정도다. 약간 높은 정육면체 모양이다. 잘 다듬은 사암으로 네 벽을 쌓고, 뚜껑은 길이 110cm, 너비 90cm 되는 네모난 돌로 덮었다.

이 태실은 조선시대의 태실의 형식과는 다른 구조를 보여준다. 조선시대 태실은 대부분 석물이 부도와 같은 형태다. 하지만 이곳 인종 태실은 이와는 달리 석물을 벽돌처럼 쌓아올려 석곽과 같은 형태의 태실이다. 봉분형에 가까운 태실인 것이다.

이 귀령산의 태실 바로 앞에는 '태봉방우'라고 불리는 큰 바위들이 신비로움을 자아내고 있다. 또 정면에는 드넓은 평야, 뒤쪽으로는 높은 덕대산이 그림처럼 펼쳐져 있다. 누가 봐도 길지임을 한눈에 알 수 있다. 그렇다면 고려시대부터 이미 태실은 풍수지리에 입각한 명당에 세웠음을 쉽게 알 수 있다.

〈고려사(高麗史)〉에 의하면, 인종은 1146년(인종 24년) 승하해서 나성(羅城) 남쪽에 장례 지냈다고 기록되어 있다. 인종의 능은 북한 개성시 주변인 청교면 장릉리에 있는 장릉(長陵)이다.

경남 밀양시 초동면 귀령산에 도굴된 채 그대로 방치돼 있는 고려 인종의 태실. 일제강점기에 도굴됐다.

인종은 국가 재정을 절약하여 환관을 줄이는 등 선정을 베풀었다. 1135년(인종 13) 묘청의 반란이 일어나자, 김부식을 서경정토대장(西京征討大將)으로 보내어 이듬해에 평정했다. 그후 태자(太子)에게 왕위를 물리고 병사했다. 어려서부터 재예(才藝)가 있어 음률과 서화에도 능했다.

김부식에게 〈삼국사기〉의 편찬을 명하여 1145년에 완성을 보게 했다.

고려 제17대 왕 인종의 시호와 생전의 업적 등을 새긴 시책. 인종의 능에서 출토됐다. 국립중앙박물관 소장.

삼국사기를 쓴 고려시대 최고의 유학자 김부식.

3. 22대 임금 강종의 태실

고려의 제22대 임금 강종(康宗 1152~1213 재위: 1211 ~ 1213)의 태실은 경북 예천군 용문면 내지리 용문사 주변에 위치하고 있다.

강종은 명종의 맏아들로 의종 6년(1152)에 태어나 명종 3년(1173)에 태자로 책봉 됐고, 희종 7년(1211) 왕으로 등극했다.

강종의 아버지인 명종 15년(1185)에 세워져 경북 유형문화재 제460호로 지정된 '중수용문사기비(重修龍門寺記碑)'에는 다음과 같이 기록돼 있다.

> '사찰 문밖의 왼편 봉우리 꼭대기에 명종(재위 1170~1197) 원년(1171)에 태자의 태를 안치하였고, 이를 기하여 용문사를 창기사(昌期寺)라 개칭했다. 그후 명종 9년(1180)에 이르러서는 중수 공사를 완공하고, 참선하는 승려 500명을 모아 50일에 걸쳐 법회를 열었다'

'용문사중수비'의 기록에 따라 그 봉우리를 조사한 결과,
태실의 비문(碑文)을 받쳐주는 귀부(龜部)를 발견했다고 보도한 1972년 2월 3일 동아일보 기사

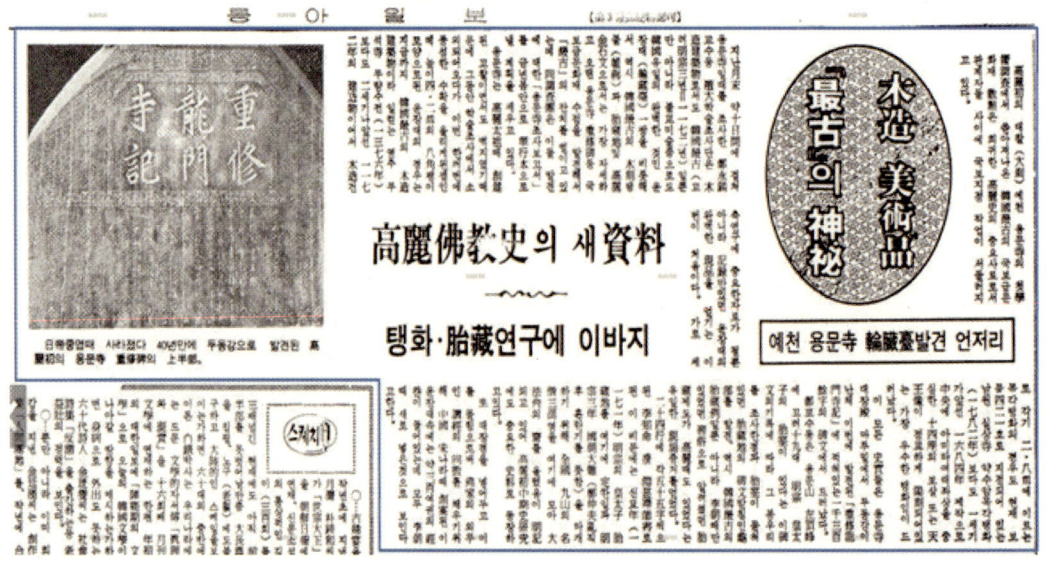

1185년에 건립된 '용문사중수비'에는 강종의 태를 안치했다는 기록 뿐만 아니라 고려 태조 왕건이 30칸의 건물을 짓고 해마다 150석을 주어 공양하게 하였다고 기록돼 있다.

단국대 학술조사단(단장 정영호교수)는 지난 1971년 12월 고려 강종의 태실이 이곳 용문산 좌정봉(左頂峰 왼쪽 봉우리 꼭대기)에 있다는 '용문사중수비'의 기록에 따라 그 봉우리를 조사한 결과, 태실의 비문(碑文) 받침인 귀부(龜部)를 발견했다.(동아일보 1972년 2월 3일자 5면에 보도.)

또 〈신증동국여지승람〉에도 이곳 용문산에 강종의 태실과 관련된 기록이 나온다.

> 『...현종 때는 안동부에 예속시켰으며, 명종 2년에는 태자의 태를 이 고을에 장치(藏置)하고 기양(基陽)으로 고쳐서 승격하여 현령으로 하였다...』

이 태실은 지금도 용문사 입구에 흔적이 보이고 있다. 여느 태실과는 달리 절벽에 구멍을 뚫어 안치했다. 이 태를 안치한 구멍 주위에 있는 네모 반듯한 모양의 구획은 본래 있었던 덮개돌의 흔적이라 여겨진다. (출처 : '조선의 태실' 3편 ? 전주이씨대동종약원)

예천 용문사는 통일신라 시대인 신라 제48대 경문왕 10년에 두운조사가 지은 천년 고찰이다. 이 절은 고려시대에 더욱 번창하여 대가람을 이루었다. 고려시대에는 강종의 수호 사찰이었고, 조선시대에 이르서는 폐비 윤씨(성종의 계비. 연산군의 생모)의 안위와 수호를 맡은 수호 사찰이었다.

강종은 1197년 최충헌에게 쫓기어 부왕과 함께 유배되어 강화도로 갔다. 1210년(희종 6년) 최충헌에 의해 다시 소환되어 왕위에 올랐다. 그러나 실권은 최충헌에게 있었다. 강종의 능은 황해북도 개풍군 현화리에 있는 후릉(厚陵)이다.

예천 용문사의 중수비 1185년에 건립됐다.
높이 195cm.
태조는 용문사에 30칸의 건물을 짓고 해마다 150석을 주어 공양하게 하였다고 이 중수비에 기록되어 있다.

용문사중수비의 탁본.
강종의 태를 안치했다는 기록이 나온다.
출처 : 국립중앙박물관

예천 용문사. 통일신라 시대인 신라 제48대 경문왕 10년에 두운조사가 지은 천년 고찰이다.
이 절은 고려시대에 더욱 번창하여 대가람을 이루었다.

4. 25대 임금 충렬왕의 태실

〈해동지도〉와 〈신증동국여지승람〉〈풍기군지〉 등을 보면, 고려 25대 임금 충렬왕(忠烈王, 1236~1308, 재위 1274~1308)의 태실이 소백산에 있다고 기록돼 있다.

〈신증동국여지승람〉에는 '이 태실을 두었기에 감무(監務)를 두었던 풍기 고을을 현령을 두는 고을로 승격하였다'고 나와 있다.

이 태실은 일제강점기에 펴낸 〈조선보물고적조사자료〉 p273에는 다음과 같이 적혀 있다.

〈태봉 : 순흥면 배점리 : 소백산 국유림. 구릉 정상에 약 10평 평탄하게 하였고, 주위에 여러 개의 선반 같은 돌이 남아 있다. 부근에 직경 삼척의 팔각형 및 삼척 형방의 뚜껑돌이 남아 있다. 고려 충렬왕의 태봉으로 여겨진다.

〈한국땅이름큰사전〉에는 '석륜암 및 골짜기원쪽에 있는 산에 고려 충렬왕의 태를 모시었다'고 기록돼 있다.

또한 〈순흥향토지〉에는 〈충렬왕 태실 : 초암사 뒷편 태봉 위에 있다〉고 전한다.

충렬왕의 태실은 분명 소백산 초암동 또는 석륜암 근처에 있었으나, 명확한 위치는 전해지지 않는다.

충렬왕 태실의 수호사찰이었을 것으로 추정되는 석륜사는 폐사되었다. 현재 석륜사 터에는 석탑이 남아 있다. 석물들은 여기 저기 버려져 있다.

충렬왕은 1274년 5월 원나라의 제국대장공주와 혼인하고 왕위에 올랐다. 처음으로 치러진 대륙국가와의 왕실 혼인이다. 이후 양국의 우호 관계를 배경으로 역대 권신들에 억눌려 오던 왕실의 지위는 회복되고, 강화될 수 있었다. 그러나 고려는 자주성을 잃은 종속국으로 전락해서 원나라의 많은 간섭을 받았다.

충렬왕 태실의 수호사찰이던 석륜사 터에 남아 있는 석탑.

석륜사 터 부근에 방치된 채 나뒹구는 태실의 석물들.

충렬왕 즉위년 10월 일본 정벌이 원나라 세조의 강요로 실행되어 1차로 여원연합군이 출정했다. 김방경이 이끄는 고려군은 대마도를 정벌하는 데는 성공했다. 그러나 뜻하지 않은 폭풍을 만나 본토 정벌에는 실패했다. 1281년에 감행된 2차 정벌도 폭풍 때문에 실패했다.

영화 '쌍화점'(감독 유하)은 충렬왕을 모델로 스토리가 쓰여졌다. 충렬왕 역은 영화배우 주진모가 맡았다.

충렬왕과 혼인한 원나라의 제국대장공주.
처음으로 치러진 대륙 국가와의 왕실 혼인이었다.

영화 쌍화점에서 충렬왕 역을 맡은
영화배우 주진모(사진 오른쪽).

5. 27대 임금 충숙왕의 태실

27대 충숙왕

고려 27대 충숙왕(忠肅王, 1294~1339. 재위 1313~1330, 복위 1332~1339)의 태실은 소백산 경원봉(慶元峰)에 있다고 고문헌에 전한다. 지금의 경북 영주시 순흥면 태장리 부근이다.

『신증동국여지승람』〈풍기군 고적〉을 보면, '충숙왕의 태실을 흥녕현(興寧縣)에 두고, 이곳을 지주사를 두는 고을로 승격했다'고 했다.

또한 〈풍기군 고적〉에는 '경원봉은 군의 북 22리에 위치하는데, 이곳에 충숙왕의 태를 보관했다'고 나온다.

하지만 지금의 경원봉을 아는 이는 없다. 경원봉은 윤암봉과 욱금봉 사이에 있었을 것으로 추정되고 있다.

순흥면 태장동은 지명 유래가 선조시대의 명신 유영경의 농장에서 비롯되었다고 한다. 그러나 이곳 태장동은 농장과 관련된다기보다는 태실의 장태를 뜻하는 태장동일 수도 있다.(출처 : '조선의 태실' 3편 p146)

충숙왕은 1313년 왕위에 올랐으나 심양왕 고(暠)가 왕위를 노리고 그를 헐뜯어, 5년간 원나라 연경에 체류해야 했다. 1325년 귀국했으나 눈과 귀가 멀어 정사를 못 돌본다는 조적 일당의 거짓 고발 때문에 정사에 환멸을 느꼈다. 1330년 태자 정에게 왕위를 넘기고 원나라에 갔다.

1332년 충혜왕이 황음무도(荒淫無道)해 정사를 돌보지 않자, 원나라에 의해 폐위되고, 충숙왕은 다시 왕위에 복귀했다.

충숙왕은 원나라가 지나치게 요구하는 세공(歲貢)을 삭감하게 하고, 공녀(貢女)와 환관의 징발을 중지하도록 청원하는 등 업적을 세웠다.

☞ 세공(歲貢) : 해마다 바치던 공물(貢物).
☞ 공녀(貢女) : 원나라, 명나라의 요구에 따라 고려 및 조선왕조가 바치던 여자.

고려 충숙왕의 태가 안장됐던 경북 영주시 순흥면 태장리 태장동마을.

6. 29대 임금 충목왕의 태실

일제강점기에 조선총독부가 펴낸 〈조선보물고적조사자료〉 p273에는 고려 29대 국왕 충목왕(忠穆王 1337~1348. 재위 1344~1348)의 태실에 관해 다음과 같은 기록이 나온다.

〈태봉 ; 풍기군 삼가동 : 소백산 국유림. 유물은 없다. 〈동국여지승람〉에 실려 있는 고려 충목왕의 태실이라고 할 수 있다.〉

경북 영주시 풍기읍 삼가리 소백산 비로사(毘盧寺) 부근의 태봉산에 충목왕의 태실이 있었다고 전해진다. 이 태봉산은 문필봉(文筆峯)으로 불린다.

조선시대의 〈해동지도〉에도 소백산 욱금동에 충목왕의 태실이 있다는 기록이 있다. 욱금이라는 지명은 비로사 보법탑비에도 나온다. '보법탑비'(진공대사의 생애를 적은 비)에 '고려 태조가 진공대사를 만나기 위해 욱금을 넘나들었다'는 기록이 나오는 것이다. 이를 통해 욱금은 비로사가 있는 곳이고, 욱금동의 태봉은 충목왕의 태봉인 것을 알 수 있다.

비로사는 그 위치나 역사적 기록으로 보나 충목왕의 태봉과 불가분의 관계에 있었음을 알 수 있다. 특히 비로사 중창(重創) 때 나온 대웅전의 상량문은 비로사가 충목왕 태실의 수호사찰임을 명백하게 증명해준다.

충목왕의 능은 북한 개성 근처의 명릉이다.

☞ 중창(重創) : 낡은 건물을 헐거나 고쳐서 다시 지음
☞ 상량문(上樑文) : 새로 짓거나 고친(重修 또는 重建) 집의 내력, 공역(工役) 일시 등을 적어둔 글.

충목왕은 1344년 충혜왕이 죽자 8세의 어린 나이로 왕위를 계승하였다. 나이는 어렸으나 총명하여 원나라의 순제는 왕위를 계승하게 했다. 뒤이어 상주국 고려국왕(上柱國 高麗國王)으로 임명하였다.

> ☞ 상주국(上柱國) : 중국 전국시대(戰國時代)부터 사용된 관명(官名)으로 나라에 큰 공을 세운 사람에게 부여되는 훈직(勳職)이다

충목왕은 왕위에 오르자, 폐단이 많은 정책을 개혁하며 백성들을 구휼하는 한편, 선왕(先王) 때 아첨하던 신하들을 귀양 보냈다.
1348년(충목왕 4)에는 진휼도감(賑恤都監)을 두어 굶주리는 백성들을 구제하게 했다.

충목왕의 태실지 소백산 문필봉.
경북 영주시 풍기읍 삼가리 비로사 부근의 태봉이다.

북한의 개성 근처에 있는 충목왕릉.

비로사가 고려 충목왕 태실의 수호사찰이었음을 전해주는 진공대사 보법탑비.

7. 31대 임금 공민왕의 태실

〈충렬왕 34년에 원주목(原州牧)으로 승격하였고, 원나라 무종(武宗) 원년, 충선왕 2년에는 강등하여 성안부(成安府)로 하였다. 공민왕 2년 계사에 태를 치악산에 안치하고 다시 원주목으로 회복하였는데, 본조(本朝)에서도 그대로 따랐다〉 『세종실록』〈지리지(地理志) 원주목(原州牧)〉

〈신라 문무왕은 북원소경(北原小京)을 두었고, 고려 태조 23년에 지금의 이름으로 고쳤으며, 현종 9년에는 지주사로 하고, 고종 46년에는 일신현(一新縣)으로 하였다가....충선왕 3년에는 낮추어 성안부(成安府)로 하고, 공민왕 2년에는 치악산에 태를 안치하고, 다시 원주목으로 하였다.〉 『신증동국여지승람』〈원주목 건치연혁〉

공민왕의 태봉으로 추정되는 치악산 향로봉 정상 우측 봉우리.

공민왕 태실의 수호사찰이었을 것으로 추정되는 강원도 원주시 보문사.

　이런 기록들을 통하여 고려 31대 공민왕(恭愍王 1330~1374, 재위 1351~1374)의 태실은 원주 치악산에 있었다는 것을 알 수 있다. 그리고 치악산 향로봉 정상 우측 봉우리가 여느 태봉처럼 고준하고, 제천 영월 횡성 등을 한눈에 조망할 수 있어 태봉으로 추측되고 있다.

　이 봉우리에서 가까운 원주시 행구동 보문사 절터가 공민왕 태실의 수호사찰이었을 것으로 보인다. 이 절터에는 고려시대의 청석탑이 있다. 이 탑은 1970년에 보문사를 새로 건립하던 중 땅속에서 많은 석탑재가 출토되어 현재의 모습대로 복원하게 됐다.

　공민왕은 고려의 개혁 군주였다. 고려 말에 원나라의 지배에서 벗어나고자 과감한 개혁정치를 단행했다. 부인인 노국공주와의 애틋한 사랑, 요승으로 알려진 신돈의 등용 등 여러 가지 드라마틱한 요소가 많은 왕이었다.

노국공주는 원나라 황제의 친척 위안의 딸이었다. 노국공주는 공민왕의 개혁정책에 반대하기는 커녕 자신이 고려에 시집 왔으니, 자신은 고려인이라면서 고려의 풍속을 따랐다. 그래서 노국공주는 공민왕의 사랑을 많이 받았다. 그러나 임신 후 난산으로 인해 노국공주는 아이를 낳지 못하고 사망해 공민왕에게 큰 슬픔을 안겨주었다.

공민왕은 나라 일은 돌보지 않고 노국공주의 명복을 빌기 위해 공주의 초상화를 모신 대궐을 짓고, 3년 동안 육식을 하지 않았다.

고려의 개혁군주 공민왕은 영특하고 다재다능했다. 특히 그림과 서예는 당대 최고의 수준이었다. 공민왕이 그린 그림 중에 천산대렵도만이 전해지고 있다.

공민왕릉은 황해도 개풍군 해선리에 있다. 쌍릉 형식으로 서쪽에는 공민왕의 현릉이 있고, 동쪽에 있는 것이 노국공주(왕비)의 정릉이다.

이 왕릉 앞의 문관석과 무관석은 우리나라 돌조각 가운데 최고의 작품으로 평가받고 있다. 그 분묘 아래 두른 병풍석 조각(12지신)은 공민왕이 직접 그린 그림을 바탕으로 새겼다.

황해도 개풍군 해선리에 있는 공민왕과 노국공주의 쌍릉.
이 왕릉 앞의 문관석과 무관석은 우리나라 돌조각 가운데 최고의 작품으로 평가받고 있다.

공민왕이 그린 '천산대렵도'.
공민왕은 글씨와 그림에
두루 능했다.
이 천산대렵도만이
전해지고 있다.

안동웅부(安東雄府)라 쓰인 안동부 현판 제액, 공민왕의 친필이다.
출처 : 국사편찬위원회 한국사데이터베이스

고려 31대 왕인 공민왕과 왕비인 대장노국공주를 함께 그린 영정.

8. 32대 임금 우왕의 태실

경북 안동시 예안면 태곡리마을. 이 마을 뒤편의 태봉산에 고려 우왕 태실이 있었다고 전해진다.

고려사에 등장하는 우왕의 기록. 우왕이 고려 왕실의 혈육이 아니라 괴승 신돈의 자손이라는 설이 조선시대에 유포됐다. 그러므로 이 태실에 대한 보호가 전혀 없었을 것이다.

경북 안동시 예안면.

지금의 예안은 안동시의 한 면에 불과하지만, 조선시대까지는 중앙에서 수령이 파견되던 한 고을이었다. 이곳 예안면 태곡리 태봉산에 고려 32대 임금 우왕(禑王 1365 ~ 1389 재위 1374~1388)의 태실이 있었다고 〈지명사전〉의 예안군 태곡동 기록에 다음과 같이 전해진다.

> 고려 공민왕 때 2차 홍건적의 침입이 있자, 공민왕은 복주(안동)의 청량산에 피난중이었다. 이때 오랫 동안 고대하던 왕자가 태어났다. 그 왕자의 태를 예안의 태봉산에 묻었다고 한다. 그후 왕자는 공민왕의 뒤를 이어 왕이 되었고, 그 자신의 태실을 둔 이 고을을 현(縣)에서 군(郡)으로 승격시켰다. 다시 대왕께서는 주(州)로 승격시켰다.

〈고려사〉를 보면 공민왕은 홍건적 2차 침입 때 안동으로 피난왔다. 그리고 청량사의 역사에서도 나타나듯이 공민왕은 안동 근처의 청량산으로 몸을 피했다.

고려 왕조는 태조 때부터 안동지방과 깊은 인연을 맺었다. 고려 태조가 견훤의 후백제 군에게 추격당하자, 안동 지방의 호족 대표들에게 깊은 은혜를 입었다. 태조는 이를 잊지 않고 이곳 호족들과 우호 관계를 유지했고, 역대 국왕들의 태실을 경북 북부 지방에 많이 설치했다.

공민왕도 홍건적의 난 때 인연을 맺은 곳이 안동 지역이기에 아들 우왕의 태실을 이곳 예안에 조성한 것이다.

하지만 우왕의 태실은 그 자리에 민묘가 들어서는 과정에서 완전하게 파괴되었다. 조선 왕조에서는 건국의 당위성을 알리기 위해 우왕이 고려 왕실의 혈육이 아니라 괴승 신돈의 자손이라는 설을 유포했다. 그러므로 이 태실에 대한 보호가

전혀 없었을 것이다. (출처 : '조선의 태실' 3편 – 전주이씨대동종약원)

우왕은 총명하고 민활해서 즉위 초에는 촉망이 두터웠다. 그러나 갈수록 방탕하고 음란한 생활을 일삼아 국고를 탕진했다. 군대를 일으켜 명나라의 요동을 공략하려고, 조민수와 이성계를 좌우도통사로 삼아 출병시켰다.

그러나 4대 불가론을 주장하며 위화도에서 회군한 이성계에 의해 강화도로 내몰렸다. 이후 강릉으로 내몰린 뒤 살해당했다.

9. 대관령박물관의 고려 태실

대관령 옛길에 자리잡은 대관령박물관 전경

강원도 강릉시 성산면 대관령옛길에 자리잡은 대관령박물관.

고미술 수집가인 홍귀숙씨가 평생 동안 모은 유물을 기초로 1993년 5월 15일

설립한 박물관이다. 대지 3,000평, 전시관 200평 규모에 전시실 수장고 등 시설을 갖추고, 옹관 석검 토기 등 선사시대 유물과 신라, 고려, 조선시대 문화재 2,000여 점을 전시하고 있다.

박물관의 건축 외형은 대관령의 수려한 자연 경관을 배경으로 고인돌 모양을 본떠 만들었다.

이 박물관에 들어서면 큼직한 석물 하나가 관람객들을 압도한다. 대관령박물관 안내판에 이 석물에 대해 고려시대 태실이라고 기록돼 있다. 외관만 보아서도 알 수 있듯이 조선 왕실의 일반적인 태실과는 형태가 다르다.

이 유물은 화강암 석재로 만든 태함으로 상면을 팔각으로 다듬고, 윗면에는 구멍을 뚫었다. 아래로는 2단의 단을 두었다. 연꽃 모양으로 나타낸 뚜껑과 몸체는 사찰의 부도와 비슷한 팔각 원당형의 형태다.

상단부 역시 연꽃의 변형인 보주(寶珠)형의 형태를 띠고 있다. 상단부 일부는 잘려나간 것으로 보인다.

대관령박물관의 태실.
연꽃의 변형인 보주형의 형태를 띠고 있다.
상단부 일부는 잘려나간 것으로 보인다.

대관령박물관의 수장품 카드에는 다음과 같은 원론적인 정보만 기재돼 있을 뿐이다.

> 입수처 : 홍귀숙 - 강원도 강릉시 성산면 대관령 옛길 1
> 입수일 : 2003. 05. 16
> 높이 : 110cm 폭 : 125cm
> 세부설명 : 태(胎)를 보관하던 석함이다. 태항아리(胎盒)는 궁중에서 왕가(王家)의 자손이 태어나면, 그 태를 담아 보관하였다가 좋은 날을 택하여 태봉(胎峰 태를 묻는 산)에 매장하기 위하여 만든 항아리이며, 태지석은 태의 주인이 누구이며, 태어난 날짜와 시각 등을 기록해 놓은 것으로 태항아리와 함께 태봉에 묻게 된다.

이처럼 우리 조상들이 태를 좋은 곳에 묻어야 그 주인이 훌륭하게 되고 건강하게 장수한다고 믿고 있었기 때문에 왕가뿐만 아니라 여유가 있는 양반가(兩班家)에서도 태를 묻는 경우가 많았다고 한다.

이 박물관의 정호희 학예사는 "이 태실이 어떻게, 어떤 경로를 통해 박물관에 전시되게 되었는지 알 수 없다"고 밝혔다.

지금도 어느 이름 모를 산야에서 비바람을 맞고 있을 태실처럼 고려시대 이후에 산 속에 버려졌다가 도굴꾼이나 고물상에 의해 수집되지 않았을까 하는 생각을 해본다. 그 후에 여러 경로를 거쳐 이 박물관 전시실에 놓였을 것이다.

아무튼 이 태실의 주인공을 찾아 태실 옆에 태지석이라도 하나 만들어 주는 게 우리 문화재를 보호하는 길일 것이다.

소백산은 고려시대 최고의 명당터였다
- 소백산 자락에 5곳의 태실이... -

지리산, 설악산에 이어 세 번째로 넓은 면적을 자랑하는 소백산의 정상 비로봉.

철쭉이 만개한 소백산 등산로. 이곳 산자락에 5곳의 태실이 있었다.

소백산 자락에 고즈넉하게 자리잡은 태장리 마을

태장리 느티나무.
천연기념물 제274호로 나무의 나이는 450년으로 추정된다.

경상북도 영주시 순흥면 태장리.

소백산이 감싸고 있는 평지에 자리한 마을로, 작은 하천이 흐른다. 자연 마을로는 태장, 거묵골, 망정골, 중태장, 지경터 등이 있다.

태장리에서 성혈사 가는 길가에 있는 느티나무는 천연기념물 제274호로 나이는 450년으로 추정된다. 높이는 18m, 둘레는 8.7m에 달한다. 새해가 되면 온 마을 사람들이 나무 앞에 모여 소원을 빌며 제사를 지낸다.

태장리에서 출발해 소백산 원적봉에서 발원한 홍교천을 따라 500여m 올라가다 보면 물가에 세로로 누운 큰 돌이 있다. 이 돌에는 '天台水石(천태수석)'이란 글씨가 새겨져 있다. 아마도 태(胎)와 관련이 있는 돌인 듯하다.

이곳 태장리에는 고려 왕실의 충렬왕, 충숙왕, 충목왕의 태실이 있었다. 충렬왕의 태실은 초암사 뒤편 소백산 태봉(胎峰) 위에, 충숙왕의 태실은 소백산 경원봉에, 충목왕의 태실은 소백산 욱금동에 있다고 옛 기록은 전한다.

고려 충렬왕 때는 태를 묻고 순흥 지역을 흥녕현령관(興寧縣令官)으로 이름했다. 충숙왕 때도 이곳에 태를 묻고 지흥주사(知興州事)로 승격시켰다. 또 충목왕 때도 이곳에 태를 묻고 순흥부(順興府)로 다시 승격시켰다.

그런가 하면 세종대왕의 비 소헌왕후의 태실은 소백산 윤암봉에 안치돼 있다.

이와 함께 영주시 고현동에는 의소세손(사도세자의 장남, 정조의 형)의 태실이 자리한다. 순흥도호부(영주의 옛 지명) 영역이었던 예천 명봉사에도 문종과 사도세자의 태실이 있다. 이 태실들은 모두 소백산 기슭에 자리 잡고 있다.

신재 주세붕 선생은 소백산을 일컬어 '일읍오태지(一邑五胎地)의 명당'이라고 했다. 한 읍에 태실이 5곳이나 있다는 뜻이다.

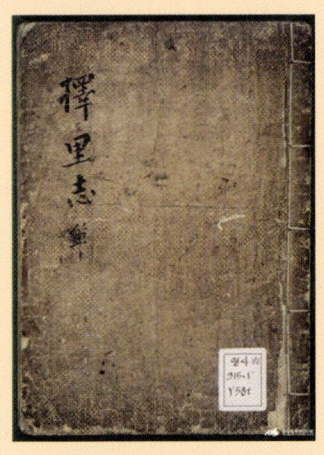
순흥 지역을 최고의
'삼재불입지지'(三災不入之地)로 손꼽은
이중환의 '택리지'.

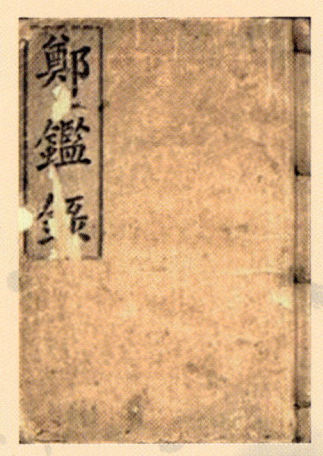
조선시대 이래 민간에 널리 유포되어온
예언서 정감록에도 소백산 자락은
최고의 풍수지리적 명당지로 기록돼 있다.

이중환은 자신의 저서 '택리지'(擇里志)에서 순흥 지역을 신이 알려준 명당이라며 최고의 '삼재불입지지'(三災不入之地)로 손꼽았다.

순흥 지역에 일찍이 태실이 많이 안치된 것은 소백산 자락이 한마디로 최고의 풍수지리적 명당지였기 때문이다.

〈정감록〉에서는 소백산 주변의 10곳을 십승지지(十勝之地)로 꼽았다.

☞ 택리지(擇里志) : 조선시대 1751년(영조 27)에 실학자 이중환(李重煥: 1690~1756)이 저술한 지리서.
☞ 삼재불입지지(三災不入之地) : 삼재의 재앙이 들지 않는 좋은 땅을 이르는 말. 난리, 질병, 기근이 침범하지 못한다는 뜻이다.
☞ 십승지지(十勝之地) : 한국인의 전통적 이상향의 하나이다. 〈정감록(鄭鑑錄)〉에 근거한 역사적 용어. 조선시대에 사회의 난리를 피하여 몸을 보전할 수 있고, 거주 환경이 좋은 10여 곳의 장소를 말한다.

십승지지(十勝之地)로 기록된 곳은 다음과 같다.

1. 풍기(豊基) 차암(車巖) 금계촌(金鷄村) 동쪽 골짜기로, 금계가 알을 품고 있는 금계 포란의 명당터인 소백산 땅 10곳.
2. 화산(花山)의 소령고기(召嶺古基)인데, 옛 땅인 춘양현으로 봉화군 춘양면(春陽面) 춘양마을.
3. 충북 보은군 내속리면과 외속리면의 속리산 아래 증항(蒸項) 근처.
4. 경북 예천군 용문면 상금곡리의 금당동(金堂洞) 북쪽.
5. 전북 남원시 운봉읍(雲峰邑) 동점촌(銅店村) 주변 100리.
6. 충남 공주군 유구읍(維鳩邑)과 마곡사(麻谷寺)의 두 물줄기 사이.
7. 강원도 영월군 영월읍의 정동쪽 상류 거운리 일대.
8. 전북 무주군 무풍면 북쪽 골짜기로, 예로부터 덕유산은 어디든지 난리를 피할 수 있는 덕산(德山).
9. 부안군 변산반도 국립공원의 호암(壺巖) 아래와 변산의 동쪽(개암사 부근)이며 금바위 아래.
10. 합천군 가야면 가야산 자락의 남쪽 만수동(萬壽洞) 골짜기.

천하의 명풍(名風) 남사고도 전국 최고의 명당이라는 양백지간을 오랫동안 살피고 다녔다고 전해진다.

☞ 명풍(名風) : 묏자리나 집터를 잘 보는 풍수지리의 대가.
☞ 남사고(南師古 1509 ~ 1571) : 1592년의 임진왜란을 미리 예언하였다는 예언가이자 관상가.
☞ 양백지간(兩白之間) : 태백산과 소백산 사이를 일컫는 표현.

이처럼 소백산은 예부터 신성시되어 오는 산으로 삼국 시대에는 신라 백제 고구려 삼국의 경계를 이루어 수많은 역사적 애환과 문화유산이 전해진다. 조선 중기의 문신이자 학자인 신재 주세붕은 소백산의 경치와 그 신령스러움을 극찬했다.

"소백산의 경치가 아름다운 것은 우리 나라 남쪽지방에서는 으뜸이다. 상서(祥瑞)를 축적하고 아름다움을 간직하여, 안문성, 문정, 문경과 같은 훌륭한 인물이 이 산 아래에서 태어났다. 신령이 내리지 않고서 어떻게 그럴 수 있었겠는가?"

- 제 3 장 -
역사적 자취를 남기고 간
조선의 왕자, 공주, 옹주 태실들

제 3 장 - 역사적 자취를 남기고 간 조선의 왕자, 공주, 옹주 태실들

조선 왕실은 태(胎)의 처리가 나라의 국운과 결부된다고 간주했다. 때문에 국가적인 사업으로 천하의 길지에 역대 임금들의 태실을 조성했다.

뿐만 아니라 왕자, 공주, 옹주 등 왕자녀의 왕실의 출산도 국가의 맥을 잇는 온 나라의 기쁨이자 축복이어서 이들의 태 역시 명산과 명당을 찾아 안치했다.

이와함께 사대부 집안에서 태어나 궁궐로 시집간 왕비의 태실도 조성했으니, 세종대왕 비 소헌왕후의 태실과 연산군 모 폐비 윤씨의 태실이 대표적이다.

조선 왕실에는 수많은 왕자녀가 있었고, 이들 가운데는 역사의 한 페이지를 장식한 인물들이 적지 않았다.

1. 세종대왕이 총애한 정소공주의 태실

정소공주의 묘에서 출토된 풀꽃무늬 태항아리. 국립중앙박물관에 전시돼 있다.

경기도 고양시 서삼릉 경내 비공개지역인 왕자와 공주의 묘역에 있는 정소공주의 묘.

경기도 고양에서 발견된 정소공주 묘지명.
길이 87cm에 이르는 네모난 판형의 석제 묘지명으로 고려의 석제 묘지명 전통이 조선의 왕실을 중심으로 계속 이어지고 있음을 보여준다.
고려대박물관 소장.

KBS 2TV 대하사극 '대왕 세종'에서 세종대왕과 정소공주의 애틋한 가족애가 눈물겹게 극화됐다.

시청자들이 눈물을 적신 KBS 2TV 대하사극 '대왕 세종'의 한 장면.

KBS – 2TV 대하사극 '대왕 세종'에서 세종(김상경)의 장녀 정소공주(주다영)가 안타까운 죽음을 맞는다.

아버지 세종대왕이 강성한 조선의 미래를 꿈꾸며 중신들의 반대 속에 장영실(이천희)을 지키고자, 비 오는 강령전에서 집현전 학자들과 함께 밤을 지새우고 있었다. 바로 그 시간, 빗속에서 아버지 세종대왕을 기다리다 쓰러진 정소공주는 결국 병을 얻고 쓰러진다.

병증이 날로 악화되어 가기만 하는 정소공주를 보며 자책감에 빠진 세종대왕은 "가솔들이, 눈에 넣어도 아프지 않은 어여쁜 자식들이 아파도, 나라 걱정에 목 매야 하는 지긋지긋한 자들이 바로 군왕이다. 장인의 죽음을 외면한 것도, 장모를 관비로 만든 것도 과인이다. 정소가 잘못되면, 그것은 모두 과인의 탓"이라며 안타까운 눈물을 뚝뚝 흘린다.

대신 윤회(이원종)는 정 많은 세종이 병석에 누운 정소 공주로 인해 혹여라도 마음에 깊은 상처를 입을 까 걱정이 앞선다.

세종대왕은 유독 첫딸인 정소공주(1412년(태종 12)~1424년(세종 6).를 아꼈기 때문에, 바쁜 업무 중에도 그녀를 찾아가 친히 학문을 가르쳤다. 정소공주는 태종과 원경왕후는 물론이고, 다른 왕실어른들의 총애를 한 몸에 받으며 성장했다.

그녀가 죽은 후 세종은 정사를 돌보지 못할 정도로 큰 상심에 빠졌다. 그녀의 장례식은 세 명의 공신(功臣)과 육조의 당상관들이 성문 밖에까지 장송할 정도로 크게 치러졌다.

세종대왕의 장녀인 정소(貞昭) 공주의 묘에서는 풀꽃무늬 태항아리 2개가 출토됐다. 원래 정소공주 묘소는 경기도 고양시 벽제면 대자리에 있었다. 그러나 일제

강점기에 서삼릉으로 강제 이장되면서 함께 묻혔던 유물이 출토됐다.

당시 특이하게도 묘지에서 태항아리와 묘지명(墓誌銘)이 함께 출토된 것으로 전해진다.

> ☞ 묘지명 : 무덤 안에 묻힌 사람이 누구인지를 알려주기 위해 무덤 내부나 그 언저리 땅 속에 기록을 남겼는데 이를 묘지(墓誌)라 한다. 또한 이 묘지(墓誌)에 묻힌 사람을 칭송하거나 추모하는 시구 즉, 명(銘)를 함께 실은 것이 묘지명(墓誌銘)이다.

묘지명은 정소공주의 묘안에서 '태 항아리'와 함께 나란히 놓여있었다고 전해진다. 태항아리는 태실에 안치되지만, 무슨 까닭에서인지 정소공주의 태항아리는 묘에서 묘지명과 함께 발견됐다. 따라서 세종대왕이 총애한 정소공주의 태실은 바로 태실이라고 할 수 있다.

정소공주의 태항아리는 그 제작 시기가 정소공주가 태어난 1412년부터 사망한 1424년경 사이로 추정된다.

정소공주의 태항아리는 내항아리와 외항아리가 함께 출토됐다. 두 항아리는 무늬를 장식하는 기법이 대조적이다. 이런 차이점은 상감청자(象嵌靑磁)에서 분청사기(粉靑沙器)로 발전하는 과도기적인 양상을 보여주고 있다. 풀꽃 무늬가 있는 내항아리는 주로 상감기법을 써서 무늬를 넣었다.

묘지명은 길이 87cm에 이르는 네모난 판형의 대형 석제로 고려의 석제 묘지명 전통이 조선의 왕실을 중심으로 계속 이어지고 있음을 보여준다. 고려대학교박물관에서 소장하고 있다.

정소공주의 묘소는 경기도 고양시 서삼릉 경내 비공개지역의 왕자와 공주의 묘역에 있다.

2. 조선의 최고 명필, 안평대군 태실

세종대왕의 셋째 아들이며, 둘째 형이던 수양대군(세조)에 의해 죽임을 당한 안평대군은 한석봉과 함께 조선의 명필로 꼽힌다. 중국 명나라 사신들이 조선을 방문할 때마다 안평대군의 글 한점을 받고 싶어 안달이었다.

세종 20년(1438) 함경도에 진(鎭)을 신설하자, 안평대군은 왕자들과 함께 북변의 경계 임무를 맡아 야인들을 토벌했다. 안평대군은 어려서부터 학문을 좋아하고 시문과 서화에 모두 능하여 삼절이라 칭했다. 식견과 도량도 넓어 명망을 한 몸에 받았다.

안평대군이 가장 출중한 능력을 보인 분야는 서예였다. 안평대군은 고려 말부터 유행한 중국 조맹부의 송설체(松雪體)에 특히 뛰어났다. 그 필력이 중국 황제에게까지 알려질 정도였다. 1450년(문종 즉위년) 8월 중국 사신 윤봉과 정선은 황제가 안평대군의 글씨를 구하니 얻어가고 싶다고 요청했다. 1452년(단종 즉위년)에는 부왕 세종대왕의 영릉 신도비에 글씨를 썼다. 비문은 당대의 대학자이던 정인지가 지었다.

대군이라는 특수한 지위가 적지 않게 작용했겠지만, 뛰어난 서예가답게 안평대군은 많은 서화를 수장한 예술 애호가였다. 안평대군은 200점이 넘는 서화를 수장했는데, 화가 안견의 작품을 제외하고는 대부분 중국 서화가의 작품이었다. 안평대군은 그것을 바탕으로 자신의 솜씨를 연마했고, 때로는 친분이 있는 인물들에게 빌려주어 당시 예술계의 수준을 한 단계 높였다.

그와 관련해서 가장 유명한 작품은 안견의 '몽유도원도'(夢遊桃源圖)다. 이 그림은 1447년(세종 29) 4월20일 안평대군이 도원에서 노닌 꿈을 안견에게 이야기하자, 안견이 그 꿈을 그린 작품이다. 그의 설명을 들은 안견은 사흘만에 그림을 완성했다. 그 그림에 안평대군은 발문(跋文)을 적었다.

몽유도원도는 지금은 일본 덴리대학에 소장되어 있다. 그 작품은 조선시대의 회화와 서예가 가장 행복하게 어우러진 걸작이라고 평가된다.

안평대군의 태실은 경상북도 성주군 월항면 인촌리 태봉(胎峰) 정상에 위치한 세종대왕 왕자들의 태실과 함께 있다. 이곳은 1438년(세종 20)에서 1442년(세종 24) 사이에 조성된 태실로, 세종의 18왕자와 손자 단종의 태실 1기를 합쳐 모두 19기로 조성되어 있다.

세조는 계유정난 후 자신에게 반대한 안평대군과 금성대군, 화의군, 한남군, 영풍군 등 다섯 왕자 태실과 비석을 파괴한 뒤 계곡 아래로 팽개치고 파묻어버렸다. 현재의 유적은 1977년에 흩어진 기단석을 찾아 복원한 것이다.

불행하게도 안평대군의 묘소는 없다. 안평대군이 세조에 의해 김종서 등과 같이 역모로 몰려 죽임을 당했기 때문이다. 강화도로 유배된 안평대군은 36세에 사약을 받아 죽었다. 그후 영조 때 명예가 회복되어 위폐만 모셔놓고 제사를 지냈다.

☞ 발문(跋文) : 미술이나 문학작품의 대체적인 내용이나 간행 경위에 관한 사항을 간략하게 적은 글.

안평대군 태실.
세종대왕의 둘째 아들 수양대군이 쿠데타를 일으키더니, 조카 단종과 쿠데타를 반대한 형제 다섯 명을 유배 보내고 사약을 먹여 죽였다.
세조가 왕위를 지키는 동안 안평대군 등 다섯 동생의 태실 석물을 계곡 아래로 팽개치고 파묻어버렸다.

성군 세종대왕은 18남 4녀를 두었다.
세종은 그 아들들의 태를 모아 한 곳에 묻었으니, 이곳이 바로 경상북도 성주군 월항면 인촌리에 있는 세종대왕자 태실이다.

왕위에 오른 수양대군 태실에는 거북이가 큰 비석을 지고 서 있다.
그 반대편 끝에는 세조가 사약을 내린 조카 단종 태실이 위치한다.
사진은 단종의 태실.

세조의 어진.
안평대군은 둘째 형이던 세조에 의해 죽임을 당했다.

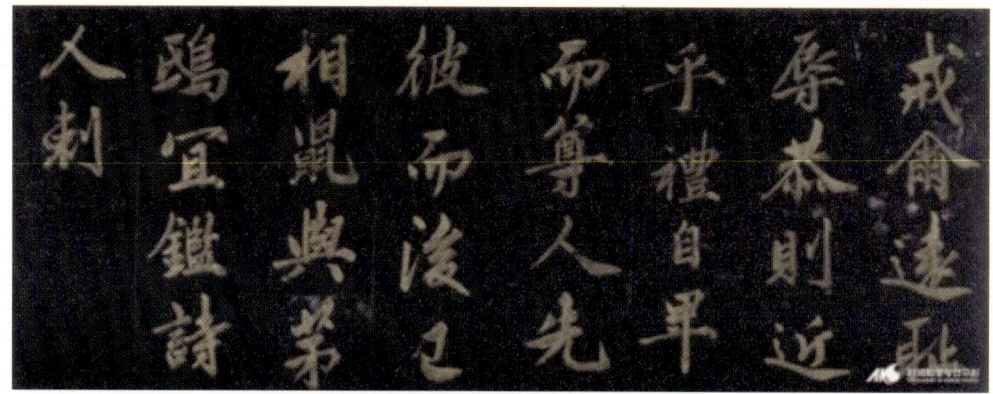

한석봉과 함께 조선의 명필로 불리는 안평대군의 필적.

안견의 몽유도원도, 1447년, 비단에 수묵담채, 38.7×106.5cm, 일본 덴리대학 중앙도서관에 소장돼 있다.
안평대군이 도원을 꿈꾸고 그 내용을 안견에게 설명하여 그리게 한 작품이다.
그림을 완성하자 안평대군이 그림의 제목과 시와 글을 썼다.

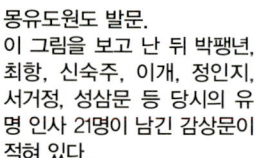

몽유도원도 발문.
이 그림을 보고 난 뒤 박팽년, 최항, 신숙주, 이개, 정인지, 서거정, 성삼문 등 당시의 유명 인사 21명이 남긴 감상문이 적혀 있다.

3. 조선 최고의 시조 시인 월산대군의 태실

추강(秋江)에 밤이 드니 물결이 차노매라
낚시 들이치니 고기 아니 무노매라
무심한 달빛만 싣고 빈배 저어 오노라.

이 시조는 인간 세상의 물욕에서 벗어난 경지를 노래하고 있다. 가을 달밤에 강에서 작은 배 한 척을 띄워 놓고, 꼭 무엇인가를 잡겠다는 생각이 없이 한가하고 여유로운 삶을 한 폭의 동양화처럼 선명하게 제시하고 있다. 이런 경지를 유유자적(悠悠自適)이라고 한다.

요즘도 국어 교과서에 실려 있는 '추강(秋江)에 밤이 드니 물결이 차노매라~'는 시조를 남긴 월산대군의 태실은 서울시 서초구 우면동 태봉산 정상에 위치한다. 월산대군 이정의 태실은 태비와 석함으로 구성되어 있다. 이 태실은 2010년 3월 25일 서울시 기념물 제 30호로 지정됐다.

월산대군은 조선 9대 임금인 성종의 형이었으나 정치적인 이유로 왕위를 물려받지 못했다. 8대 임금 예종이 승하한 뒤 왕세자인 제안대군과 월산대군이 있었음에도 불구하고, 성종이 왕위에 즉위한 것은 어떤 이유에서일까?

성종의 즉위는 세조의 왕비 정희왕후가 세조의 유언을 받들어 시행한 것이라고 한다. 실제로는 당시의 최고 권신인 동시에 성종의 장인인 한명회의 주선에 의한 것이었다. 한명회는 지략으로 당대 권력의 정점에 위치하였다.

왕의 자리가 동생에게 돌아가는 것을 묵묵히 지켜본 월산대군의 마음이 어떠했을까? 월산대군은 동생인 성종이 왕이 되자, 자연을 벗하며 지내다 젊은 나이에 세상을 떠났다.

월산대군은 7살에 월산군에 봉해지고 성종 2년(1471)에 대군(大君)으로 봉해졌다. 어려서부터 독서를 좋아하고 성품이 담백하여 오직 시와 술만 좋아했다. 시가 평온하고 담백해서 중국에까지 애송되었다. 그리고 음률도 알았다. 행실이 겸손하고 법도에 어긋나지 않았으며, 성종의 우애가 돈독하여 대우가 융숭했다.

서울시 서초구 우면동 태봉산 정 상에 위치하는 월산대군 이정 태실은 태비와 석함으로 구성되어 있다. 서울시 기념물 제 30호로 지정되었다.

월산대군 태항아리의 인화 국화문

일본 오사카의 동양도자전문미술관에
소장돼 있는 월산대군 태항아리.

월산대군 태항아리의 굽.

월산대군의 16대손인 이일섭옹의 증언에 따르면 1937년경 대군의 태항아리와 태지가 도굴되었다고 한다.

석함(石函)은 상부가 지표상에 노출되어 있다. 원래는 석함 안에 태를 봉안하는 태항아리와 지석이 남아 있어야 하지만 사라지고 없다. 태항아리와 지석은 현재 일본의 아타카(安宅) 컬렉션에 소장되어 있고, 그 반출 시기는 알 수 없다.

월산대군 대항아리는 그동안 유명한 일본인 기업가였던 아타카(安宅) 에이치의 소장품이었다. 높은 안목을 자랑하는 수집가였던 아타카는 도자기만도 1,000여 점 을 수집했다. 이 중 793점이 한국 도자기다. 아타카가 수집한 한국, 일본, 중국의 문화재들을 '아타카 컬렉션'이라 부른다.

'아타카 컬렉션'은 모두 일본 오사까의 동양도자전문미술관으로 넘어갔고, 월산대군의 태항아리도 이 박물관에 소장돼 있다.

월산대군의 태항아리는 분청인화국화문 항아리로 세조 때에 절정기를 맞이한 분청사기의 명품이다. 특히 태지(胎誌)와 한 조를 이루기 때문에 절대 연대를 알 수 있는 중요한 편년 자료이다.

이 분청 항아리는 목이 짧고, 어깨에서 풍성하게 부풀었다가 아랫부분에서 급격하게 좁아진다. 바닥이 편평하여 전체적인 조형은 풍만하면서도 안정감이 있다. 이는 분청사기라기보다는 전형적인 백자의 형태이다.

월산대군 1454년에 출생하였다. 태지에 의하면 1462년에 태(胎)가 매장되었다. 그러므로 이 태항아리의 제작 연대는 1454년에서 1462년 사이이다.

월산대군 태실의 태비(胎碑)는 비 몸돌과 비 받침이 한 돌로 이루어져 있다. 비 앞면에는 '월산군정태실(月山君婷胎室)'이라 새겨져 있다. 비 뒷면에는 천순육년

오월십팔일입석(天順六年五月十八日立石)'이라고 새겨져 있다.

이 태실은 오늘날 서울지역에서 원 위치에 원형대로 남아 있는 유일한 태실이다.

월산대군의 개인 저택이었던 지금의 덕수궁. 임진왜란 후부터 왕궁으로 사용되기 시작했다.

그런데 지금의 덕수궁은 월산대군의 집이었다. 임진왜란이 끝나고 한양으로 돌아온 선조는 궁궐이 모두 불에 타고 없어서 임시로 월산대군의 집을 거처로 정했다. 선조 26년(1593)부터 궁으로 사용하기 시작하였다. 그리고 근처의 계림군과 심의겸의 집 또한 궁으로 포함시켰다.

선조의 뒤를 이은 광해군은 즉위 3년(1611)에 이곳을 경운궁으로 고쳐 부르고 1615년 창경궁으로 옮길 때까지 왕궁으로 사용하였다.

4. 광해군에게 참혹한 죽음을 당한 영창대군의 태실

역사의 가정이란 부질없는 일이지만, 선조가 갑자기 세상을 떠나지 않았더라면? 광해군 대신 영창대군이 왕위에 오르고, 광해군이란 폭군 아닌 폭군은 이 세상에 존재하지 않았을 것이다.

광해군 일파에 의해 참혹한 죽음을 당한 영창대군(1606~1614)의 태실은 경기도 가평군 상면 태봉리 개주산에 있었다. 그러나 영창대군의 태실이 있던 산 정상에는 태실과 관련된 어떤 태석도 남아 있지 않다. 영창대군이 광해군 때 죽음을 맞은 뒤 파괴된 것이다.

그것은 조정에서 영창대군 태실이 있던 그 일대를 조선시대 4대 문장가 가운데 한명인 월사 이정귀(李廷龜 1564~1635) 선생의 사패지(賜牌地)로 내린 데서도 짐작할 수 있다.

☞ 사패지(賜牌地) : 고려, 조선 시대에, 임금이 내려 준 논밭.

원래 있던 위치를 떠난 영창대군의 태비는 태봉리 마을 입구에 있다. 높이 181cm의 이 태비는 선조 39(1606)에 세워졌다.

태실비 앞에는 〈황명만력삼십(皇明萬曆三十)...〉이라는 글자만 보인다. 명문이 마모된 것이다. 뒷면에는 〈萬曆三十四年七月二十八日立(만력삼십사년칠월이십팔일립)〉이라고 새겨져 있다. 명문이 마멸된 것은 영창대군이 비극적 운명을 맞은 것과 관련된다고 본다.

영창대군은 선조의 14명 왕자 중 13번째 왕자이다. 하지만 왕비가 낳은 유일한 왕자다. 선조는 이미 세자로 책봉해 놓았던 광해군 대신 영창대군을 왕세자로 책봉할 것을 영의정 유영경 등과 비밀리에 의논하였다.

그러나 선조가 급서하자, 광해군이 왕위에 오르고 이이첨 등을 등용하였다. 이어 광해군은 대북파(大北派)의 농간에 휘둘려 형 임해군(臨海君)을 죽였다. 이어 인목대비를 서궁(西宮)에 유폐한 뒤 인목대비의 아버지 김제남도 살해한다.

이어 영창대군마저 역모 연루죄로 서인(庶人)으로 강등시켜 강화에 유배시킨다. 그후 이이첨의 사주를 받은 강화부사 정항은 영창대군을 작은 골방에 가둔 뒤 아궁이에 불을 지펴 온돌을 뜨겁게 달구어 영창대군을 증살(蒸殺)했다고 〈광해군일기〉는 전하고 있다.

이때 영창대군의 나이는 불과 8살이었다.

☞ 서인(庶人) : 아전의 낮은 벼슬아치.
☞ 증살(蒸殺) : 뜨거운 증기로 쪄서 죽임.

'인조실록'의 다음 기록은 광해군에 대한 인목대비(영창대군의 친모)의 분노가 어떠했는지를 잘 보여준다.

"한 하늘 아래 같이 살 수 없는 원수다. 참아온 지 이미 오랜 터라 내가 친히 그들의 목을 잘라 망령에 제사 지내고 싶다. 10여년 동안 유폐돼 살면서 지금까지 죽지 않은 것은 오직 오늘날을 기다린 것이다. 쾌히 원수를 갚고 싶다." ('인조실록' 인조 3년 3월 13일)

영창대군의 묘는 경기도 안성시 일죽면 고은리에 있다. 경기기념물 제75호.

앞면에 '황명만력삼십(皇明萬曆三十)....'라 쓰인 영창대군의 태실비는 원래 있던 위치를 떠나 태봉리 마을 입구에 있다.

영창대군의 태실이 있던 경기도 가평군 상면 태봉리 개주산.

불과 8살의 나이에 광해군 일파에 의해 참혹한 죽음을 당한 영창대군 묘소. 경기도 안성시 일죽면 고은리에 있다.

5. 선교사 아담 샬과 교우하며 조선의 개혁을 부르짖던 소현세자의 태실

서구 과학문물에 대한 지식을 습득하고 조선의 개혁을 부르짖던 소현세자(1612~1645)는 청나라에서 돌아온 뒤 급사했다.

병자호란 때 볼모로 잡혀갔다가 귀국하자 비극적인 운명을 마친 소현세자의 태실은 어디에 있을까?

> 〈예조가 아뢰기를 "성상께서 형식적인 일을 나는 매우 싫어한다. 봉심하지 말라."고 하교하셨습니다. 신들은 백성들의 폐해를 제거하여 주시고자 하는 지극한 성상의 뜻을 존중합니다. 그러나 만일 조성하여 표시하지 않으면 후일 필시 그곳을 모르게 될 것입니다. 전례를 상고하여 거행하게 하소서." 하니 따랐다.
> 예조가 또 아뢰기를 "대전(大殿)과 왕세자의 태장(胎藏)이 모두 정토사의 전봉(前峯)에 있다고 합니다. 정부와 예조 당상, 관상감 제조 각 1인이 가서 그대로 안장되어 있는가를 길일을 가려 거행하도록 하소서." 하니 답하기를 "수직군(守直軍)을 정해서 나무하고 꼴뜯기는 것만을 금하도록 하라." 하였습니다.〉
> 『인조실록』 4(1626)년 8월 1일

〈인조실록〉의 이 기록은 인조의 맏아들로 태어난 소현세자의 태실이 아버지 인조의 태와 함께 정토사 앞 봉우리에 있었음을 알려준다. 여기서 정토사는 아마 널리 알려진 정토사를 지칭한다고 여겨진다. 따라서 이 정토사는 바로 충주의 정토사일 가능성이 높다.

정토사(淨土寺)는 신라 말기에 창건된 사찰로 폐사됐다. 이 절에서 출토된 중요문화재로는 보물 제17호로 지정되어 있는 법경대사자등탑비와 국보 제102호로 지정된 홍법국사 실상탑이 있다.

소현세자의 태를 묻었으리라 추정되는 충주 정토사 부근에는 태봉산이라 불리는 산이 없다. 태봉으로 추정되는 충북 충주시 동량면 하천리 앞산의 정상에는 일부 가공된 것으로 보이는 돌이 있을 뿐이다. 이곳이 확실한 태실지라면 철저하게 잊혀진 모습 그 자체일 것이다.

실록의 기록에서 보듯이 인조와 소현세자의 태실은 인조가 즉위하기 전에 장태한 것이다. 조선시대에는 일반적으로 왕손은 태실을 만들 수 없었다. 따라서 인조가 즉위하기 전에 한 왕손의 신분이었던 소현세자의 태실은 간단하게 항아리에 태를 담은 채 그냥 장태하였을 것으로 추정되고 있다.

또 인조가 왕위에 즉위하기 전이므로 아버지 인조의 태와 함께 부자간의 태를 한 봉우리에 장태한 것이라고 여겨진다.

인조는 즉위한 뒤 백성들을 위하여 자신과 왕세자의 태실을 가봉하거나 개축하지 않았다. 그렇기 때문에 〈정조실록〉에 기록한 역대 국왕태실기록에서 인조의 태실은 등장하지 않는다. 아마 멸실되었기 때문으로 여겨진다.

결국 소현세자의 태실도 여느 왕자, 왕녀의 태실처럼 기억에서 사라진 것이다.

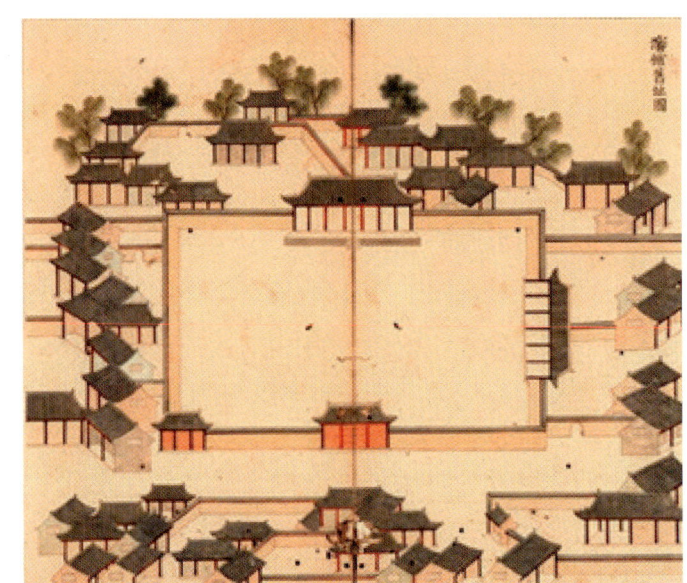

소현세자가 병자호란 이후에 세자빈과 함께 인질이 되어 머물던 청나라 심양의 심양관을 그린 심양관도첩.

소현세자의 태봉으로 추정되는 충북 충주시 동량면 하천리. 오토캠핑장이 들어서 있다.

소현세자의 태실지에 있던 정토사에서 출토된 국보 제102호 홍법국사 실상탑.

총명하던 소현세자는 병자호란 이후에 세자빈과 함께 인질이 되어 청나라의 수도였던 지금의 심양(瀋陽)으로 끌려갔다. 그 뒤 소현세자는 9년 동안 청나라에 억류되어 있었다. 당시 심양관에 머물던 소현세자는 청나라 황제의 행사와 사냥 등에 참여하며, 청나라 대신들과 우호적인 관계를 유지했다. 그리고 조선인 포로의 송환문제 등 여러 가지 현안을 맡아 처리했다. 당시 청나라 대신들을 소현세자의 인품과 재능을 높게 평가했다고 한다.

　소현세자는 북경에 머물 때에는 독일의 예수회 선교사이자 천문학자인 아담 샬(1591~1666)과 교류하며 천구의와 천문서, 천주상 등을 선물로 받았다. 당시 소현세자와 아담 샬이 주고받은 편지 내용은 라틴어로 번역되어 전해진다. 그 편지를 보면 소현세자는 서학(西學)의 보급에 강한 의지를 드러냈다.

소현세자와 라틴어로 편지를 주고 받으며 서학을 전파했던 독일인 선교사 아담 샬.

소현세자의 묘 '소경원'은 경기도 고양시 덕양구 원당동 서삼릉의 뒤편에 있다. 청나라에서 귀국한 소현세자는 창경궁의 환경전에서 갑자기 죽었다. 〈조선왕조실록〉에는 소현세자가 병이 갑자기 위독해져서 죽었다고 기록되어 있으나, 진원군 이세완의 아내가 염습(殮襲)에 참여하고 나와서 '시신이 온통 검은 빛이었고 이목구비에서 모두 피를 흘리고 있어서 마치 약물에 중독되어 죽은 것 같았다'는 증언을 남겼다는 내용도 기록하고 있다(인조 23년 6월 27일).

소현세자는 청나라에 억류되어 있을 때 포로로 잡혀간 조선 사람들을 모집해 둔전(屯田)을 경작해서 곡식을 쌓아 두었다. 그것으로 진기한 물품과 무역을 한 것을 인조가 못마땅하게 여겼다고 한다.

그리고 인조에게 총애를 받던 후궁 조씨가 세자와 세자빈을 헐뜯어 소현세자가 갑작스럽게 죽음을 맞이하게 되었다는 것이다. 즉 소현세자는 아버지 인조가 독살했다는 '독살설'이 전해져 내려온다.

인조는 소용 조씨를 저주하고, 임금의 음식에 독약을 넣었다는 혐의로 소현세자의 세자빈 강씨에게 사약을 내렸다. 그리고 소현세자의 세 아들을 모두 제주도로 유배 보냈다.

조선의 개혁을 부르짖던 소현세자의 묘 소경원. 경기도 고양시 서삼릉의 비공개 지역에 있다.

소경원의 문인석.

6. 창덕궁 후원에 있는 숙선공주 태실.

서울시 종로구 와룡동 창덕궁 후원에 있는 주합루(宙合樓). 지금의 주합루는 당시 왕립 도서관인 규장각으로 사용됐다.

〈정조실록〉 17년 4월 8일 기록에 '주합루의 북쪽 돌계단 아래에 숙선옹주의 태를 묻었다'고 나와 있다.

실제로 정조와 수빈 박씨 사이에서 태어난 숙선옹주의 백자 태항아리는 창덕궁 후원에서 출토됐다. 궁중유물전시장에 소장돼 있는 이 태항아리는 18~19세기 태항아리의 전형적인 모습을 보여주고 있다.

영조와 정조시대부터는 궁궐의 후원에 왕자녀의 태를 묻는 풍습이 있었다. 백성들에게 고충을 주지 않고, 태실 조성에 따른 경제적 비용을 아끼기 위해서였다. 숙선공주의 태항아리는 이같은 역사적 사실을 뒷받침한다.

창덕궁 후원에서 출토된 숙선공주 태항아리.
영조와 정조시대부터는 궁궐의 후원에 왕자녀의 태를 묻는 풍습이 있었다.

여기가 바로 숙선공주의 태실!!
서울시 종로구 와룡동 창덕궁 후원에 있는 주합루(宙合樓).
〈정조실록〉 17년 4월 8일 기록에 '주합루의 북쪽 돌계단 아래에 숙선옹주의 태를 묻었다'고 나와 있다.

정조는 슬하에 두 딸이 있었다. 장녀는 일찍 운명했고, 차녀인 숙선옹주만이 성장하여 출가했다. 실로 숙선옹주는 귀하디 귀한 몸이었다. 따라서 정조는 숙선옹주의 태실을 천하의 길지에 묻고 싶었겠지만, 태실 조성으로 인한 민폐를 끼치지 말라는 할아버지 영조의 유지를 받들어 숙선옹주의 태실을 궁내에 세웠을 것이다.

주합루는 비원에서 가장 아름다운 경치를 자랑하는 곳이다. 또 한때 규장각이 있던 곳이다. 여기에 숙선공주를 묻었다는 것은 그만큼 옹주를 아끼고 사랑했다는 뜻이다.

숙선옹주는 깍두기를 개발해 정조로부터 칭찬을 받았고, 이후 여염집까지 전파됐다는 기록이 1940년 홍선표가 쓴 '조선요리학'에 나온다. 정조의 사위인 홍현주의 부인이 임금에게 여러 음식을 만들어 올렸다. 이때 처음으로 깍두기를 만들었다고 한다. 무김치를 작게 송송 썰어 올린 것이 깍두기의 시초가 되었다는 얘기다.

정조 시대는 우리나라에 고춧가루가 들어왔을 시점이라서 오늘날의 깍두기와 크게 다르지 않았을 것으로 짐작된다.

숙선옹주는 깍두기를 개발해
정조로부터 총애를 받았다.

숙선공주는 희한한 몸 구조를 갖고 있었다고 전한다. 그것은 일종의 미발육이었다. 즉 구멍(?)이 너무 작아서 여자 구실을 못했다는 것이다. 그래서 결혼을 시켰지만 동침을 하지 못했다.

조선시대에는 공주나 옹주와 결혼한 신랑, 즉 왕의 사위인 부마는 첩을 둘 수 없었다. 그래서 숙선옹주의 신랑 홍현주는 바람도 못피고, 부인도 가까이 못하는 황당한 신세가 된 것이다. 신랑인 홍현주가 문 앞을 지키고 있던 시녀를 뿌리치고 신부 숙선옹주의 옷을 벗겨보니, 상태가 그래서 그냥 포기하고 나왔다는 이야기가 전해진다.

숙선옹주는 문집을 남기는 등 왕실 여성으로서는 가장 활발한 창작활동을 했다. 숙선옹주의 시는 1828년 가을에 편찬된 〈의언실권(宜言室卷)〉에 실려 있다.

'偶吟(우음) 我生三十六(아생삼십육) 내 나이 서른여섯
孤露何太早(고로하태조) 어찌하여 이리 일찍부터 외로운가
庚申天崩後(경신천붕후) 경신년에 하늘이 무너진 뒤에
所恃惟慈宮(소시유자궁) 오로지 자애로운 어머니 의지했네
壬午又罔極(임오우망극) 임오년에 또 망극한 일 당하니
此身復何依(차신부하의) 이 몸은 다시 누구를 의지하나
年年當此日(연연당차일) 해마다 이 날을 당하면……

경기도 고양시 일산동구 성석동에 자리한 숙선옹주의 묘.

규장각도.
1776년 단원 김홍도가 그렸다.
국립중앙박물관 소장.
지금의 주합루는 당시 왕립 도서관인 규장각으로 사용됐다.

7. 영화화 된 조선의 마지막 황녀 덕혜옹주의 태실.

영화 '덕혜옹주'의 한 장면.
덕혜옹주(손예진)에게 어린 시절 친구로 지냈던 장한(박해일)이 나타나고, 덕혜옹주와 그녀를 둘러싼 사람들은 대한제국의 독립을 위한 비밀스러운 임무를 시작한다.

운명적인 사랑에 빠진 영화 속의 덕혜옹주(손예진)와 장한(박해일).
덕혜옹주의 표정이 무척 행복해 보인다.

경기도 고양시 서삼릉에 조성된 덕혜옹주 태실.
1929년 일제에 의해 경기도 고양시 서삼릉 태실이 조성될 때 덕혜옹주의 태도 그곳으로 옮겨졌다.

덕혜옹주 태항아리의 형태는 키가 낮고 4개의 고리가 몸체 아래에 붙은 형태를 띠었다.
그리고 검은 태지석에는 창덕궁 비원에 태를 묻었다고 기록돼 있다.
창덕궁 비원에서는 덕혜옹주의 태와 함께 묻은 동전 등도 출토됐다.

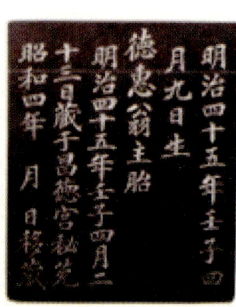

동전(開元通寶)　　목간 전면　　목간 후면

영화보다 더 영화 같은 삶을 살다간 조선의 마지막 황녀 덕혜옹주(1912~1989)의 삶과 사랑이 손예진 박해일 주연으로 영화화됐다.

영화 '덕혜옹주'(감독 허진호)의 주인공 덕혜옹주는 1912년 음력 4월 9일 출생으로, 같은 해 4월 23일에 창덕궁 비원에 태를 묻었다. 1929년 일제 침략자에 의해 고양시 서삼릉 태실이 조성될 때 덕혜옹주의 태도 그곳으로 옮겨 묻었다.

1912년경 제작된 덕혜옹주 태항아리의 형태는 키가 낮고, 4개의 고리가 몸체 아래에 붙은 형태를 띠었다. 4개의 고리가 다른 태항아리와 달리 옆으로 붙어 있는 점이 특징이다.

1929년경 제작된 태지석에는 "명치사십오년임자사월구일생 덕혜옹주태 명치사십오년임자사월이십삼일장 우 창덕궁비원 소화사년 월 일이장(明治四十五年壬子四月九日生 德惠翁主胎 明治四十五年壬子四月二十三日藏 于 昌德宮秘苑 昭和四年 月 日移藏)"이라고 새겨져 있다. 이 태지석은 국립고궁박물관에 소장돼 있다.

덕혜옹주가 태어난 것은 고종의 회갑해인 1912년 5월 25일이다. 속담에 '회갑해에 태어난 자녀는 그 어버이를 똑같이 닮는다.'는 말이 그대로 적중해서 덕혜옹주는 아바마마 고종의 축소판같이 닮았다고 한다. 바로 그 전 해에 엄비를 잃고 울적하던 차에 덕혜옹주의 탄생은 노왕 고종에게 얼마나 큰 기쁨을 안겨 주었는가는 실록에 나타난 바로도 짐작할 수 있다.

덕혜옹주는 어린 시절 황실 뿐만 아니라 온 백성의 큰 사랑을 받았다. 하지만 주권 잃은 나라의 옹주의 앞길은 비극적일 수 밖에 없었다. 일본의 식민 정책에 따라 덕혜옹주는 13세이던 1925년 강제로 일본 유학을 떠난 뒤 신경쇠약 증세를 보이다 조발성 치매 진단을 받았다.

덕혜옹주는 19세에 1925년 일본으로 끌려가 쓰시마섬 도주의 후예인 다케유키와 정략결혼으로 강제 결혼하고 딸 하나를 낳았으나, 정신질환이 악화되어 정신병원에 입원했다.

'행복은 저에게 사치인가요?'

덕혜옹주의 인생에서 행복했던 적은 거의 없었다. 설상가상으로 딸이 실종되고, 남편은 일방적으로 이혼을 선언한 뒤 재혼하기에 이른다.

덕혜옹주와 다케유키의 이혼 시기에 대해서는 1951년, 1953년 설이 있지만 이방자여사의 저서 '흘러가는 대로'를 보면, 1955년으로 기록돼 있다. 외동딸이었던 정혜가 1956년에 결혼하였지만 이혼하였고, 3개월 뒤 유서를 남기고 일본 남알프스 산악지대에서 실종되었다고 한다. 그리고 그녀가 현해탄에서 투신하여 자살한 것으로 오해되고 있다.

고종을 많이 닮은
'비운의 공주'의 어린 시절.

남편 다케유키와 덕혜옹주. 결혼 직후의 모습이다.
덕혜옹주가 단아한 아름다움을 간직하고 있다.

소설가 권비영이 쓴 소설 '덕혜옹주'.
유년기의 덕혜옹주의 사랑스러움을
잘 묘사했다.

일본에 홀로 남겨진 덕혜옹주는 정치적 이유로 이승만 대통령으로부터 귀국을 거절당했다. 그러다가 이승만 정권이 역사의 심판을 받고, 박정희가 쿠데타로 정권을 잡은 1962년에야 51세의 나이로 조국에 돌아왔다. 일제에 끌려간지 38년 만에 귀국한 것이다. 그리고 나서 창덕궁 낙선재의 수강재에서 지내다 1989년 76세를 일기로 쓸쓸하게 세상을 떴다.

유해는 경기도 남양주시 금곡동에 있는 홍유릉(洪裕陵)에 묻혔다.

덕혜옹주는 43세에 결국 남편에게 버림받았지만, 남편이 그녀의 정신질환을 걱정하며 쓴 시에는 애절함이 묻어난다. 다케유키의 시집 '해향(海鄕)'에 실린 '환상 속의 아내를 그리워하는 노래'가 전해진다.

"미쳤다 해도 성스러운 신의 딸이므로
그 안쓰러움은 말로 형언할 수 없다
혼을 잃어버린 사람의 병구완으로
잠시 잠깐에 불과한 내 삶도 이제 끝나가려 한다…
내 아내는 말하지 않는 아내
먹지도 않고 배설도 안 하는 아내
밥도 짓지 않고 빨래도 안 하지만
거역할 줄 모르는 마음이 착한 아내…"

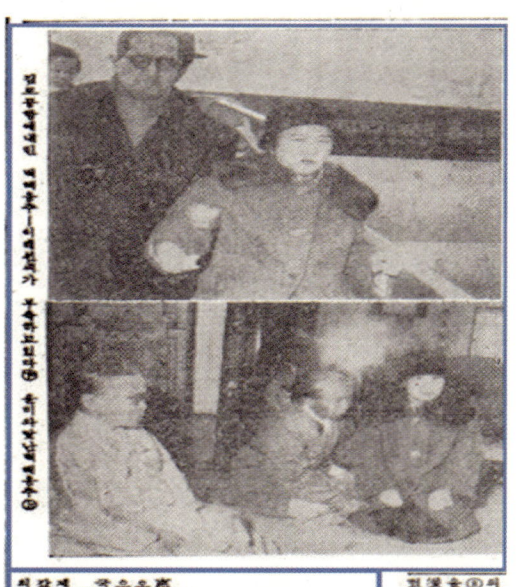

고종황제의 고명딸 덕혜옹주의 귀국을 보도한 경향신문 1962년 1월 26일자 기사.
당시 덕혜옹주의 나이는 51살이었다.
해방 후에도 덕혜옹주는 이승만 대통령으로부터 귀국을 거절당해 돌아오지 못했었다.

덕혜옹주가 묻힌 경기도 남양주시 금곡동 홍유릉.

8. 조선왕실 왕자녀의 태실들

1) 쌍태(雙胎)로 조성된 숙휘공주와 숙정공주 태실

강원도 원주시 흥업면 대안리 운산태실의 주인공은 효종의 4녀인 숙휘공주와 5녀인 숙정공주이다.

이 두 공주는 효종이 왕위에 오르기 전인 1642년(인조 20)에 출생하였기 때문에 이 태실비는 출생 당시가 아니라, 그 후에 건립된 것으로 보여진다. 숙정공주 태실비 후면을 살펴 보면, '함풍 5년'인 철종 6년(1855)에 다시 세워진 것임을 알 수 있다.

효종의 4녀인 숙휘공주와 5녀인 숙정공주의 태실. 이 태실은 독특하게도 이 태실은 쌍태(雙胎)다.

왼쪽의 태실비는 '숙정공주 아지씨태실'이며, 오른쪽 태실비는 '숙휘공주 아지씨 태실' 이다.

이 태실은 다른 태실에서는 찾아볼 수 없는 쌍태(雙胎)다. 일본강점기에 도굴된 채 방치되어 있었다. 그러던 것이 1996년 흥업면 청년들이 향토 사랑을 위해 만든 '금물산 클럽' 주관으로 복원됐다. 회원들이 사비를 들여 복원한 것이다.

현재 봉우리 위에 두개의 봉분과 2기의 태실비가 있다. 당시 이 태실을 복원할 때 태항아리 등을 복원해서 같이 매장했고, 복원 비문은 향토사학자인 박찬언 박사가 지었다.

숙휘공주와 숙정공주 태실의 귀부와 이수는 조선시대 태실의 석물 중에 그 웅장함이 돋보인다. 귀부는 힘차게 용틀임하는 거북이의 형상이다. 그리고 이수는 용이 날아가는 모습을 양각과 음각으로 형상화해 보는 이를 압도한다.

이 태실의 주인공은 현종의 딸 숙명, 숙희 공주로 알려져 왔다. 하지만 1994년 원주군 흥업면 '금물산 클럽'이 도굴된 태실을 복원하는 과정에서 숙휘공주와 숙정공주의 태실로 주인공이 바뀌었다.

당시 청년들이 개울가에 버려진 돌조각을 주워와 검증한 결과, 숙휘공주와 숙정공주의 태실임이 확실히 밝혀졌다.

운산 태실의 태는 1929년 일제강점기에 전국에 산재한 태실들과 함께 경기도 고양시 서삼릉으로 이장됐다. 태를 이장하던 당시 외부인의 접근이 통제되고, 옥단지가 나왔다고 이 마을에 전해지고 있다. 이 옥단지는 백자 태항아리를 말한다.

숙휘공주와 숙정공주 태실의 귀부와 이수. 귀부는 힘차게 용틀임하는 거북이의 형상이다. 그리고 이수는 용이 날아가는 모습을 양각과 음각으로 형상화해 보는 이를 압도한다.

2) 한림대박물관팀에 의해 발굴된 왕녀 복란의 태실

한림대 박물관에 의해 발굴된 왕녀 복란의 태실 석함.

왕녀 복란의 태실비는 강원도 원주시 태장 2동에 있다. 태지석 기록에 의하면 복란은 1486년 10월 13일 진시에 출생했다. 태는 같은 해 12월 29일 원주에 묻혔다.

비신은 가로 53.3㎝, 세로 87.5㎝, 두께 20.6㎝의 크기로 강원도 유형문화재 제66호이다. 성종의 딸로 추정되는 왕녀 복란의 태실 석함은 한림대 박물관에 의해 발굴됐다. 석함 뚜껑이 반쯤 열려 도굴된 채로 발견됐다. 발굴 당시 석함 주변에는 백자와 옹기들이 묻혀 있었다. 회색 유약을 바른 입구 한 곳이 파손된 백자 항아리, 넓은 청색 유약을 바른 백자 접시, 덮개가 있는 백자 항아리, 토기 항아리, 백자 대접 등 유물이 함께 발견됐다.

왕녀 복란의 태항아리는 표면이 회백색의 채색을 띠는 완형의 그릇이다. 뚜껑은 보주(寶珠)형의 손잡이 꼭지를 가지고 있다. 꼭지에는 사방으로 뚫린 구멍이 있다.

석함 안에 있던 외항아리와 태지석은 현재 동국대 박물관에 보관돼 있다.

조선시대 왕비들의 태실이 있었다?

조선시대 왕비의 태실은 어떻게 존재하는 것일까?

조선시대에는 왕실 뿐만 아니라 사대부 집안에 아이가 태어나면, 길지(吉地)나 가산(家山)에 태를 묻어 수복강녕(壽福康寧)을 기원했다. 왕비의 태실은 보통 친정의 가산에 있었다.

그러다 궁궐로 시집 가서 왕비가 된 이후 새롭게 만든 태실로 옮겨졌다. 국왕의 태실처럼 호화롭게 가봉(加封)을 하지는 않았어도, 왕비의 격에 맞게 태실을 단장하고 군사를 동원해 지키게 했다.

조선시대 왕비의 태실들은 거의 유실(流失)되거나 파괴 당했다. 현존하는 왕비의 태실은 세종대왕 왕비 소헌왕후, 세조의 왕비 정희왕후, 연산군의 친모 폐비 윤씨 등 3곳 뿐이다.

♣ '다산의 여왕' 세종대왕 비 소헌왕후의 태실 ♣

소헌왕후는 세종대왕과의 사이에 8명의 대군과 2명의 공주, 그러니까 무려 10명의 자녀를 얻었다. 다산을 장려했던 조선시대였지만, 10명의 자녀를 낳아 길렀으니 '다산의 여왕'으로 불릴 만하다.

소헌왕후는 친정 아버지 심온이 역적으로 몰려 한때 왕후의 지위가 위태로웠으나, 내조의 공이 크다 하여 위기를 넘겼다.

> 중궁의 태를 경상도 순흥부 중륜사(中輪寺) 골짜기에 묻었다.〉
> 『세종실록』 20년 5월 15일.

예조에서 아뢰기를, "중궁의 태실에는 일찍이 품관 9인과 군인 8명을 정하여 수호하게 하였사오니, 지금 동궁의 태실을 수호하는 자는 품관 4인과 군인 4명으로 정하게 하소서."하니 그대로 따랐다.)『세종실록』21년 1월 16일.

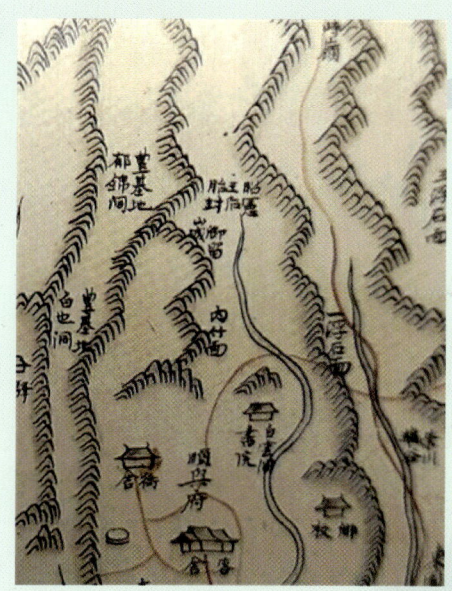

'해동지도'에 나오는 소헌왕후 심씨의 태봉.

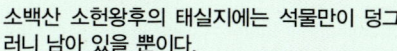

소백산 소헌왕후의 태실지에는 석물만이 덩그러니 남아 있을 뿐이다.

〈세종실록〉과 〈순흥 향토지〉에 따르면 경북 영주시 순흥면 배점리 소헌왕후의 태실은 소백산 초암사(草庵寺)와 국망봉 사이에 위치한다. 초암사에서 더 위로 올라가면, 국망봉과 비로봉으로 가는 갈래길이 나온다. 바로 국망봉으로 가는 갈래길 왼쪽에 있다.(출처 : '조선의 태실' 1편 _ 전주이씨대동종약원 발행)

이곳 태실지에는 석물 몇 개가 덩그러니 남아 있을 뿐이다. 소헌왕후 태실의 다른 석물들은 태봉으로 가는 계곡길에 나뒹굴고, 일부는 주변에 들어선 민묘의 석물로 사용되고 있다.

일제강점기에 '이왕직'에서 이곳 태실을 발굴했을 때 분청사기와 청자로 구성된 태항아리 파편이 나왔다. 이 유물은 이왕가박물관으로 인계되었고, 해방 후 국립중앙박물관으로 다시 인계되어 오늘에 이르고 있다.

♣ 조선왕조 500년사에서 가장 극적인 삶을 살다간 폐비 윤씨의 태실 ♣

폐비 윤씨는 성종 7년(1476) 왕비가 되었다가 성종 10년(1479) 폐출되었다. 그녀의 아들이 바로 성종 임금의 뒤를 이어 왕위에 오른 연산군이다.

폐비 윤씨는 질투심이 많아 성종이 총애하는 후궁들을 음해했고, 성종의 얼굴에 손톱 자국을 낸 사건으로 왕비의 자리에서 쫓겨난 비극적 여인이다.

폐비 윤씨는 판봉상시사 윤기무의 딸로 외할아버지인 신평은 신숙주의 숙부(叔父)다. 다시 말하면 폐비 윤씨의 외당숙이 신숙주다. 당대의 학자이자 권력자였던 신숙주를 통하여 간택 후궁으로 뽑혀왔고, 후궁이 되자마자 높은 첩지인 숙의를 받았다. 외당숙의 영향이 큰 것으로 여겨진다.

이때 폐비 윤씨의 나이는 꽃다운 19살이었다. 어쩌면 조선왕조 500년사에서 가장 극적인 삶을 살다간 폐비 윤씨의 미모는 '꽃 중의 꽃'처럼 그야말로 빼어났다고 전해진다. 폐비 윤씨는 성종보다 2살 연상이었다.

경북 예천군 용문면 내지리 용문사 입구의 오른쪽 산에 있는 폐비 윤씨의 태실. 태석 앞면에 '왕후 태실'(王后 胎室)로 각자됐으나, 글자를 알아보기 어렵다.

측면에서 바라본 폐비 윤씨 태실

폐비 윤씨의 태실은 그녀가 왕비로 책봉된 후 경북 예천군 용문면 내지리 용문사 입구의 오른쪽 산에 조성됐다.

태실의 비석 앞면에는 '왕후 태실'(王后 胎室), 뒷면에는 '成化十年二月十五日'(성화십년이월십오일)이라고 새겨져 있다. 태비의 글자는 마멸되어 알아보기 어렵다. 윤씨가 폐비로 폐출된 것과 관련이 있다고 여겨진다.

〈성종실록〉 89년 1월 5일의 기록을 통해 당시 왕비 윤씨의 태실을 만들었음을 알 수 있다. 서거정(徐居正 1420~1488)의 묘지명(墓誌銘)에는 서거정이 이 태실이 잘 안치되었는지 감독한 태실증고사(胎室證考使)였음이 기록되어 있다.

☞ 서거정(徐居正) : 세조, 성종 때의 문신이며 대학자이다. '동국통감' '동국여지승람' 등 유명한 역사서적의 편찬에 깊이 관여했다.

폐비 윤씨는 사대부 집안에서 태어났으므로 조선 전기 양반가의 태항아리 모습을 알 수 있다. 왕비가 된 이후 경북 예천시 용문면 융문사에 새롭게 만든 태실로 옮겨졌다. 그 후 1929년 일제강점기에 조선 왕실의 태실을 정비한다는 구실로 그녀의 태지와 태항아리가 경기도 고양시 서삼릉으로 이전됐다.

태지에는 폐비 윤씨가 1455년 윤 6월 1일에 태어났고, 그 태를 성종 9년(1478) 11월 12일 오시에 묻었음이 기록돼 있다.

이곳 태실은 귀부와 태비, 석함을 갖추고 있다. 귀부는 가봉((加封)된 태실임을 증명한다. 하지만 팔각 난간은 설치되지 않았다. 그리고 태비의 거북도 왕의 태비보다 소규모로 조성됐다. 수호군(守護軍)도 따로 두지 않았다.

이로 미루어 조선시대 왕비의 태실이 국왕의 태실과 어느 정도 차별화되어 조성됐음을 알 수 있다. 왕과 왕비의 태실이 같은 규모로 조성되지는 않았던 것이다.

폐비 윤씨의 태항아리는 현재 국립중앙박물관에 소장돼 있다. 외항아리는 높이 50.5cm로 다른 태항아리들보다 훨씬 크다. 동체부 중간에 원형의 고리가 4개 달려 있다. 뚜껑은 넓은 접시를 엎어놓은 모양이다.

용문사는 신라 경문왕 10년(870)에 창건된 천년 고찰로 한때는 용문산 창기사로 불렸다. 성종 9년(1478)에는 폐비 윤씨의 태를 이곳에 묻고, 성불산 용문사라 개칭했다. 이후 정조 7년(1783)에는 문효세자의 태를 이곳에 안태하고, 절 이름을 소백산 용문사로 환원했다.

폐비 윤씨는 아들인 연산군 즉위한지 10년이 지나 아들에 의해 복권되었다. 제헌왕후로 추존되고 무덤도 회릉(懷陵)으로 격상되었다. 능의 규모와 석물은 왕릉 수준으로 단장되었다. 회릉은 경기도 고양시 서삼릉 경내에 있다.

이곳 회릉의 문인석은 체구가 크고 화려한 옷자락이 잘 표현되어 있다. 무인석 또한 거대한 체구에 투구와 갑옷이 화려하다. 큰 칼집을 허리에 차고 있는 것이 여느 릉에서는 보기 힘든 모습이다. 아마도 죽어서도 어머니를 굳건히 지켜 주기를 바라는 연산군의 효심이 깃들어 있는 듯하다.

연산군의 친모 폐비 윤씨 태항아리와 뚜껑. 예천 용문사에 있었던 것을 옮겨온 것이다. 폐비 윤씨는 사대부 집안에서 태어났으므로 조선 전기 양반가의 태항아리 모습을 알 수 있다. 국립중앙박물관 소장.

폐비 윤씨의 서삼릉 태실

신라시대에 창건된 천년고찰 용문사는 폐비 윤씨 태실의 안위와 수호를 맡았다.

♣ 조선 최초로 수렴청정(垂簾聽政)한 정희왕후의 태실 ♣

　세조의 왕비 정희왕후는 조선 8대 임금 예종이 14살의 어린 나이에 즉위하자, 수렴청정에 나섰다. 여자의 몸으로 나라를 좌지우지하며 다스리는 것은 조선에서는 처음 있는 일이었다.
　이후 정희왕후는 성종이 즉위한 뒤에도 7년간 섭정(攝政)했다.
　정희왕후의 태실은 강원도 홍천군 동면 덕치리 수타사(壽陀寺) 뒷산에 있었다. 이는『신증동국여지승람』〈홍천군(洪川郡) 산천(山川)〉의 '공작산은 홍천현의 동쪽 25리에 있는데, 정희왕후의 태를 봉안하였다'는 대목을 통해 알 수 있다.
　하지만 태봉으로 추정되는 봉우리의 정상 부근에는 태실의 흔적이 남아 있지 않다. 태석으로 보이는 석물들이 주변에 나뒹굴고 있을 뿐이다. 오랜 세월이 흐르면서 태실은 파괴되고 석물들은 여기저기 흩어진 것이다.
　수타사 절 입구에 있는 높이 160cm의 하마비(下馬碑)는 이 절이 태실의 수호 사찰이었음을 말해준다. 왕비의 태실 앞에도 지위고하를 막론하고 말에서 내리라고 엄중 경고하는 비석을 세웠던 것이다.

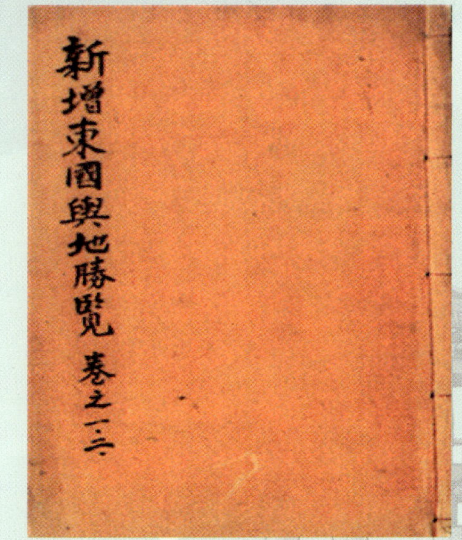

'신증동국여지승람'에 정희왕후의 태실이 홍천 수타사 뒷산에 있었다고 전한다.

정희왕후 태실의 수호 사찰이던 두타사의 법당

- 제 4 장 -

군사정권에 의해 유린 당한
조선왕조의 태실 집장지 서삼릉,
그리고 복원의 방향

제 4 장 - 군사정권에 의해 유린 당한
    조선왕조의 태실 집장지 서삼릉,
  그리고 복원의 방향

1. 일제 강점기에 조선왕조의 태실 집장지로 변모한 서삼릉

경기도 고양시 덕양구 원당동에 있는 사적 제200호 서삼릉. 예로부터 서울의 서쪽에 있는 효릉 희릉 예릉 등 3개의 능을 일컬어 서삼릉이라 불렀다.

희릉은 조선 중종의 계비 장경왕후 윤씨의 능이다. 효릉은 인종과 인종비 인성왕후의 쌍릉이고, 예릉은 철종과 철인왕후 김씨가 잠든 쌍릉이다.

여기에는 왕실의 묘지가 이루어져 명종과 숙종 이후 조선 말기까지 역대 후궁을 비롯해 대군, 군, 공주, 옹주 등의 많은 분묘가 조성되었다.

그리고 이곳 서삼릉에는 200여평의 공간에 사방으로 담을 두른 조선왕조의 태실 집장지가 있다. 이곳 태실 집장지야말로 일본 침략자들이 남기고 간 역사 침탈의 살아 있는 교육장이다.

일제강점기인 1929년 일본인들은 충남 금산군 추부면에 있는 태조의 태실을 비롯해 전국에 흩어져 있던 역대 임금의 태실 22기, 대군 세자 공주 등 태실 32위, 총 54기의 태실을 한데 모아 집단으로 태실에 안치했다. 우리 민족의 정기를 끊고, 왕실에서 사용했던 태항아리를 비롯해 함께 묻었던 부장품들을 빼돌리기 위해서였다. 지금 이곳에 묻혀 있는 태항아리들은 원래의 태항아리에서 모두 바꿔친 것들이거나 다른 방법을 사용해 묻은 것이다.

당시 일본인들은 우리의 전통적 조성 방식을 무시한 채 태함(胎函, 화강석 재질의 관으로 태항아리를 보관)을 시멘트관으로 바꾸고, 중앙청 구조와 같은 날 '일'(日) 자 모양의 시멘트 블록 담장(가로 28m, 세로 24m, 높이 15m) 안에 가둬놓았다.

그리고 일본 신사(神社) 참배소의 출입문과 같은 모양으로 철제문을 세워 잠근 뒤 일반인의 출입을 막아버렸다.

서삼릉 전경. 조선 중종의 계비 장경왕후 무덤 희릉.
예릉 효릉 희릉 등 3개의 능을 일컬어 서삼릉이라는 지명이 붙었다.

조선 제12대왕 인종과 비 인성왕후 박씨가 잠들어 있는 효릉.

서삼릉 문화재 현황

구분	명칭	위 호	비고
능	희릉	제 11대 중종의 계비 장경왕후 윤씨	단릉
	효릉	제 12대 인종과 그 부인 인성왕후 박씨	쌍릉
	예릉	제 25대 철종과 그 부인 철인왕후 김씨	쌍릉
원	소경원	제 16대 인조의 아들(소현세자)	단릉
	의령원	장조(사도세자)의 아들(의소세손)	단릉
	효창원	제 22대 정조의 장자(문효세자)	단릉
묘	회묘	제 9대 성종의 원비이며 연산군의 사친인 폐비윤씨	1기
	경혜옹주 묘	태조의 장남인 진안대군(방우)의 딸 등	2기
	경선군 묘	제 16대 인조의 장자 소현세자의 아들	2기
	후궁의 묘	빈, 귀인, 숙의, 소의, 숙원 등	22기
	왕자, 공주 묘	대군, 군, 왕자, 공주, 옹주 등	22기
태실	왕 태실	제 1대 태조 고황제 등 역대 왕	22위
	왕자, 녀 태실	왕자, 왕녀	32위
계		능:3기 원:3기 묘:49기 태실:54위	

민족 정기가 유린된 아픈 과거가 생생하게 되살아나는 서삼릉 태실 집장지.
조선역대 임금의 태실비 22기와 왕자, 공주의 태실비 32기가 양쪽으로 구분돼 나란히 늘어서 있다.

  이곳 태실 집장지를 둘러싼 날 '일'(日) 자 모양 시멘트 블록의 담장은 일제를 상징하는 것이므로 철거해야 한다는 주장이 지속적으로 제기돼 왔다.

  그러자 국립문화재연구소(소장 장경호)는 지난 1996년 3월 서삼릉내 태실에 대한 발굴 조사를 실시하면서 이 담장을 철거했다. 또한 왜색이 짙은 구조물이던 서삼릉 태실의 철문도 철거했다.

  당시 태실 집장지의 발굴 조사는 조선왕실의 태실 연구에 좋은 자료를 제공하는 계기가 되었다. 베일에 가려진 채 일본인과 도굴꾼들에 의해 무차별하게 파괴된 태실과 도굴된 태항아리의 실체가 밝혀진 것이다.

  발굴 조사 결과, 일본인들이 문종 세조 성종 등 백자 태항아리 10여점과 태조 등의 태실 봉안 기록이 담긴 태지석 17점을 빼돌리고, 조잡한 일제강점기의 물건으로 바꾼 사실이 드러났다.

 이곳 서삼릉의 태실 집장지는 일제가 우리 문화재를 파괴했던 단면을 여실히 보여주고 있다.

철거 여론이 드높아지면서 서삼릉 태실의 일본식 블록 담장이 철거됐다.
한겨레신문 1996년 3월 7일자 보도.

서삼릉 태실 중앙 블록이 철거되기 이전의 광경.
'일'(日) 자 형태의 블록 담장은 일제를 상징하는 것이었다.

서삼릉 태실의 담장을 철거하는 모습.

서삼릉 태실의 철문도 왜색이 짙은 구조물이었다.

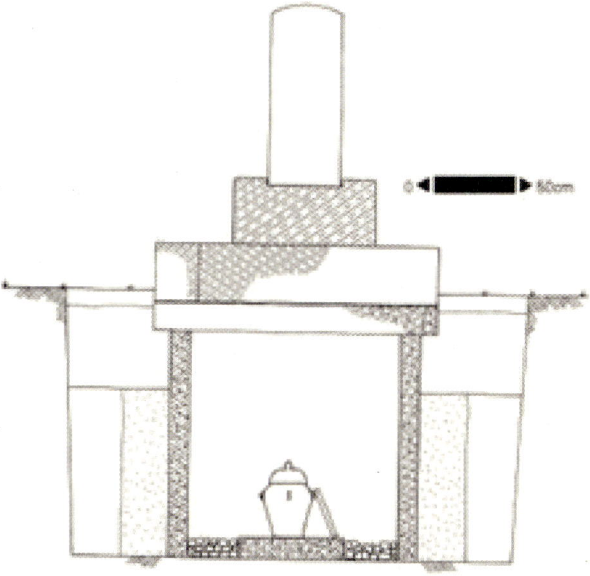

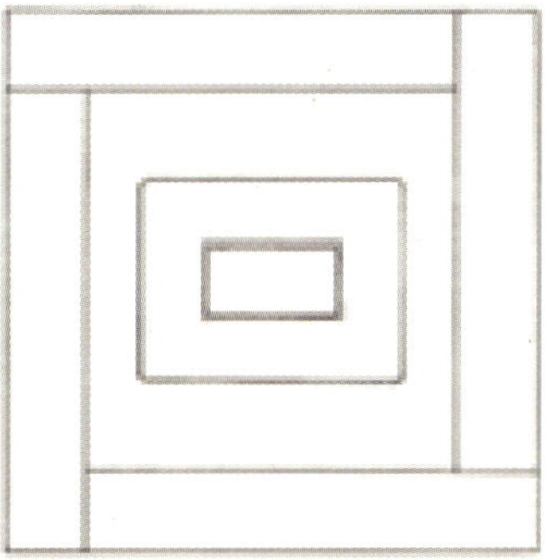

서삼릉 태실의 평면. 단면도

171

2. 서삼릉을 조각조각 토막 내서 나누어 준 군사정권.
– 특권층이 골프를 치고, 젖소와 말이 뛰노는 희한한 왕릉

서삼릉은 조선왕조 최대 규모의 능역이었다.

그러나 광릉수목원보다 울창했던 자연의 보고 서삼능역의 136만여평은 군부독재정권 시절 골프장, 종마목장, 군부대, 보이스카웃연맹 중앙훈련소 등으로 조각조각 잘려지고, 찢겨나가서 이제 7만여평이 남아 있는 형편이다.

그나마 서삼릉역으로 남아 있는 지역은 목장 초지와 마사회 초지로 둘러싸여 일반인들이 드나들 수 있는 곳은 희릉과 예릉 등 2만 4천여평 뿐이다.

특히 11만평에 달하는 한국마사회 종마목장은 희릉과 예릉이 거추장스럽다는 듯이 능을 포위한 형상으로 자리잡고 있다.

독재자의 즉흥적인 말 한마디에 조선왕조 최대의 묘역이 자리 잡은 유서 깊은 땅, 서삼릉은 비참하게 땅나누기 작업이 이루어졌다.

축협유우개량사업소 정문 뒤에 세워진 교시문 비석은 서삼릉 훼손의 역사를 잘 설명해주고 있다. 이 비석에는 이렇게 쓰여 있다.

'이 목장은 1968년 박정희 대통령 각하의 교시에 따라 농협중앙회에 의하여 세워졌다. 40만평에 이르는 버려진 산지를 일구어 만들어진 이 목장은 황폐한 산야의 개발로 축산업을 일으켜 이를 바탕으로 하여 풍요한 농촌 사회의 건설을 이룩하려는 우리의 신념과 열의의 소산이며, 이를 요람으로 하여 근대화의 물결이 온 농촌에 줄기차게 퍼질 것이다. 훗날 우리 자손은 이 목장을 농촌 근대화를 이룩한 근원의 하나로서, 그리고 한 탁월한 지도자의 농촌을 위하는 지성과 예지의 생생한 증거로서 길이 상기할 것이다.'

70년대에 세워진 이 교시문 비석은 서삼릉이 본격적으로 훼손돼 오늘에 이른 역사를 증명한다.

서삼릉의 파괴가 박정희 전 대통령의 지시로 이뤄졌음을 보여주는 박정희 대통령 교시문을 새긴 비석. 그 옆으로 농협중앙회의 '젖소개량사업소' 간판이 보인다.

비석으로 새겨진 박정희 전 대통형 교시문 전문. 서삼릉 파괴의 역사를 생생하게 전한다.

"40년 전만 해도 서삼릉 숲은 노루가 뛰어다니고, 낮에도 들어가기 무서울 정도로 울창했습니다."

서삼릉 인근 왕릉골에서 태어나 성장해 온 이은만 전 고양문화원 원장은 서삼릉이 잘려 나가기 시작한 건 지난 65년으로 거슬러 올라간다고 기억한다.

서삼릉은 본래 조선 왕실(창덕궁) 소유였다. 그러던 것이 지난 63년 문화재관리국이 신설되면서 전국에 산재했던 조선 왕실의 다른 토지와 함께 문화재관리국으로 소유권이 넘어갔다.

이후 가장 먼저 지난 65년 원당리 일대 숲 20만평이 벌거숭이가 되면서 한양골프장(현재 서울한양컨트리클럽)이 들어섰다. 그리고 반대편 통일로쪽 신원리 18여만평에 뉴코리아골프장이 자리를 잡았다.

당시 한양골프장 이사장은 전 그랜드호텔 사장 조봉구씨였고, 뉴코리아골프장 이사장은 단사천(한국제지 회장), 최주호(우성그룹 회장), 이동찬(코오롱그룹 회장) 김종호(세창물산 사장), 박용학(대농 회장) 등 정계와 재계에 이름난 실력자들이었다.

이들은 권력과 부를 이용해서 민족의 정기가 흐르는 서삼릉역 100만여평 중에 40만여평을 골프장으로 둔갑시킨 것이다.

그 시절 권력자들에 의해 수백년 된 적송이 무더기로 잘려 나갔다. 그리고 지금 그 자리에는 한가롭게 골프채를 휘두르는 힘 있는 자들의 유유자적한 모습이 보인다.

이어 창덕궁 소유의 땅 10여만평이 농협중앙회로 넘어가 농협대학이 자리를 잡게 된다. 그 사연이 기막히다.

박정희 전 대통령이 어느날 서삼릉 서울한양컨트리클럽에서 골프를 치다가 광릉수목원에 필적할 만큼 푸르른 숲으로 가득 찬 광활한 땅을 바라보며 지나가는 말처럼 말했다.

"저기 뉴질랜드와 같은 목장을 만들었으면...."

이 말 한마디가 명령처럼 되어 최고 권력자에게 절대 충성하던 참모들은 농협중앙회를 통해 목장 조성사업에 착수했다. 원당에 오래 산 주민들은 누구나 알고 있는 사실이다. 권력자의 말 한마디면 모든 것이 끝나는 세상이었다.

매일경제신문 1968년 12월 8일자 신문에 그 과정이 생생하게 보도되어 있다. '닻 올린 축산입국(畜産立國)이라는 제목의 기사는 다음과 같다.

서삼릉이 농협중앙회의 축산 부지로 찢겨나간 과정을 보도한 1968년 매일경제신문 기사.

'지난번 호주 뉴질랜드를 방문하고 돌아온 박대통령의 지시에 의해 농협이 직접 건설, 운영키로 한 이 목장은 부지 38만4천평에 소요자금 1억3천만원을 투입, 국내 최대의 목장으로 조성될 것인데 건설 공사가 끝나는대로 69년 5월에 우선 '카나다'산 젖소 50두를 입식시키고, 69년 가을....'

농협중앙회는 당시 서삼릉 40만평을 취득하는 과정에서 총토지 매입가 6천867만원 중에 국고 등에서 80%를 지원받아 사실상 헐값에 사들였다. 당시 목장 조성으로 7개 능을 연결하는 숲이 모두 파헤쳐지고, 능행로는 목초지가 됐다.

이 땅은 현재 농협 우유개량사업소 초지로 사용되고 있다. 이중에 11만평이 지난 88년 서울올림픽을 앞두고 한국마사회로 넘어가 종마목장이 됐다.

축협 소유의 땅에는 제실이 있었다. 조선 건축 양식의 멋스러움을 뽐내던 제실은 부숴버리고, 그 자리에 축협의 사무실을 세워놓았다. 문화 민족임을 자칭하는 우리들로서는 매우 수치스런 일이 아닐 수 없다.

이어 68년 한국보이스카웃연맹 총재로 있던 김종필 전 국무총리는 희묘와 바로 붙어 있는 원당리 200~5 일대 1만평을 한국보이스카웃연맹 중앙훈련소 부지로 확보했다.

당시 한국보이스카웃연맹의 명예총재는 박정희 전 대통령이었다. 절대 권력을 한 손에 쥔 박정희 전 대통령은 영부인 육영수 여사와 함께 한국보이스카웃연맹의 주요 행사에 참여하곤 했다.

무소불위의 권력을 휘두르던 박정희 정권의 1, 2인자는 보이스카웃 활동에 열정적인 지원으로 보냈다. 서삼릉 능역의 1만여평을 떼어 중앙훈련소 부지로 만드는 것은 일도 아니었을 것이다.

그리고 축협이 차지했던 38만평 가운데 일부는 80년대 들어 전두환 전 대통령의 지시로 각각 마사회(11만평)와 군 부대(6만여평)로 분할되었다. 이로써 서삼릉 분할과 훼손의 역사가 일단락되었다.

참으로 기가 막힌 일이었다. 무슨 땅 빼앗기 놀이를 한 듯 서삼릉역은 절대 권력에 의해 이렇게 갈기갈기 찢겨졌다.

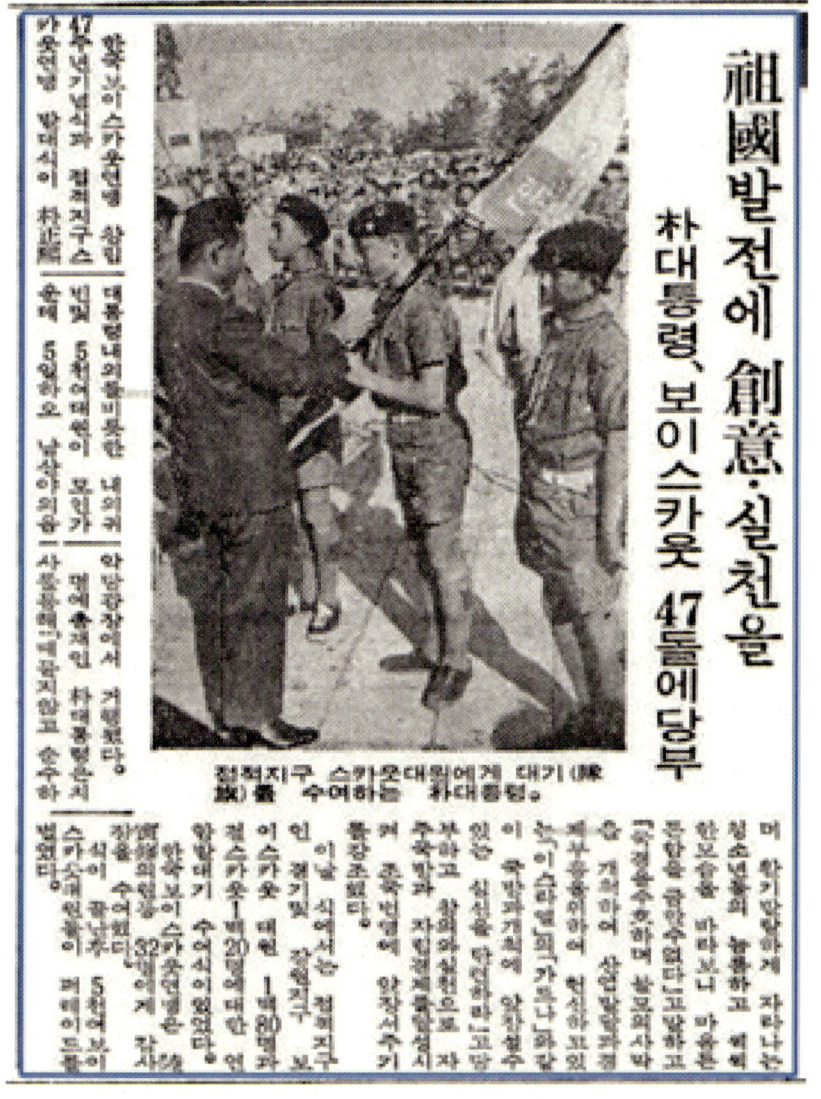

한국보이스카웃연맹 명예총재인 박정희 대통령이 연맹 창립 47주년기념식에 참석해 보이스카웃 대원에게 연합 발대기를 수여하고 있다. 1969년 10월 6일자 경향신문 보도.

서삼능 구역 한쪽의 6만여평은 군부대가 차지하고 있다.

서삼릉역의 종마목장.
서삼릉은 전두환 전 대통령의 지시로 마사회에 11만평을 떼어주면서 또 한차례 유린 당했다.
전두환 전 대통령은 본인이 즐기던 승마 경기를 위해 서삼릉역에 말들의 놀이터를 만들었다.

광릉수목원에 필적할 만큼 푸르른 숲으로 가득 찼던 서삼릉은 한양골프장(현재 서울한양컨트리클럽)이 들어서면서부터 군사정권에 의해 철저하게 유린당했다. 넓은 초지에는 40여년전만 해도 수백년생의 아름드리 적송이 빽빽했다.

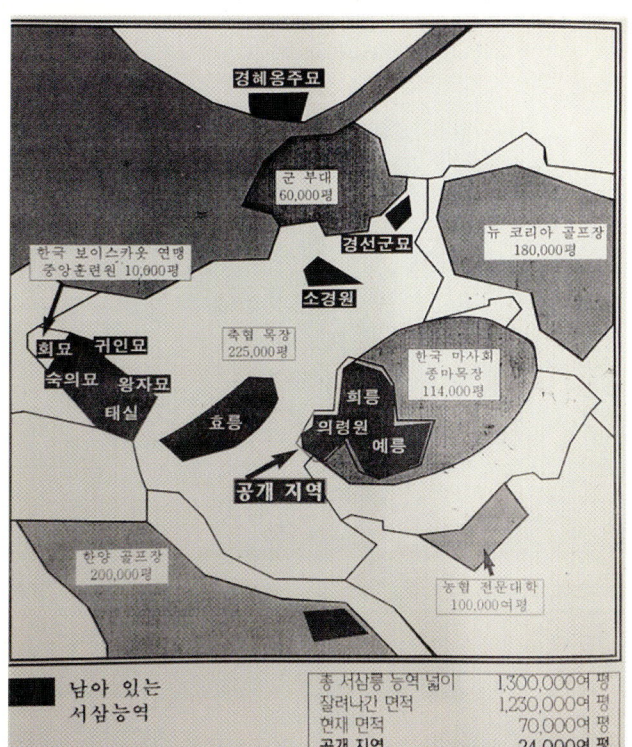

무슨 땅 빼앗기 싸움을 한 듯 절대 권력에 의해 갈기갈기 찢겨진 서삼릉역. 서삼릉역 분할 소유 현황은 이렇다.

서삼릉을 잘라 만든 '서울한양컨트리클럽'은 박정희대통령의 단골 골프장이었다!!
– 골프마니아 박대통령, 라운딩한 뒤 막걸리 즐겨 –

서삼릉의 서울한양컨트리클럽에서 골프를 즐기던 살아 생전의 박정희 전 대통령.

고양시의 '배다리 주(酒) 박물관'에는 박정희 전 대통령이 당시 김현옥 서울시장과 서울한양컨트리클럽에서 골프를 친 후 들러 막걸리를 마시던 실비옥 내부와 당시의 박정희 대통령 모습이 재현돼 있다.

박정희 전 대통령은 5.16 군사쿠데타 이전에는 한국군 장성 중에서 유일하게 골프를 치지 못하는 장군이었다고 한다. 골프를 치지 못하니, 유엔 사절단이나 미군들과도 잘 어울리지도 못했다. 비사교적인 성격의 박정희는 골프도 못 치고, 파티에 참석했어도 그저 술만 마시고 왔다고 전해진다.

그러던 박정희 전 대통령은 1962년 최고회의 의장 시절 한장상 프로에게 골프를 배우면서 골프광이 됐다. 포병 장교 출신인 박정희는 골프는 과학이고, 골프는 인간이 만든 스포츠 가운데 정신과 육체의 조화로운 운동이라고 높이 평가했다.

그 시절 청화대를 출입하던 프로골퍼에 따르면 청와대에 간이 골프연습장을 설치해서 골프 연습을 했다고 전해진다. 박정희 전 대통령이 골프를 치면 경찰서 형사들이나 경호원들이 골프장 주변을 물 샐 틈 없이 에워쌌다. 박정희가 뚝섬 골프장에서 골프를 치면, 성동경찰서 형사들은 잠복근무를 나섰고, 경호원 십수명이 삼엄한 경비를 펼쳤다.

절대 권력 박정희가 골프를 치면, 제일 예쁘고 센스 있는 여자 캐디가 '각하 전용 캐디'가 됐다. 박정희는 '오늘은 예쁜 처녀가 동행하게 돼 기분이 좋다'고 말했다.

'내가 골프를 해보니 몸에 좋더라, 될 수 있으면 골프 하는 게 좋다' 던 박 대통령은 그야말로 골프마니아였다. 박대통령은 스트레스도 해소하면서 정치적으로 골프를 이용했다.

정치적 격동기를 맞아야 했던 60년대 초반 '잘살아 보세'라는 슬로건을 앞세우고 경제 건설을 최우선 정책으로 삼았던 박대통령은 외국 정치인들과 골프를 치며 정사를 논하게 되었다.

1971년 한국을 방문한 미국 부통령 애그뉴와 태릉컨트리클럽에서 골프를 치며 한국와 미국의 현안 문제를 협의하기도 했다.

대통령이 골프를 하면서 정치를 하니, 밑의 부하들이나 공무원, 기업가들도 덩달아 골프장에서 회동과 모임을 갖으며 친분을 쌓았다. 그 시절 골프장은 상류층이 모이는 부와 권력의 상징이었다.

박대통령은 1970년도엔 육군, 해군, 공군 대항 골프대회를 마련하는 열의도 보였다. 그러면서 정치 각료라면 누구나 골프를 배워야 한다고 강조했다. 군장교들에게까지도 적극적으로 골프를 권장했을 정도였다.

박대통령은 아마추어대회에도 관심을 보여 70년도 중반까지 대통령배 챔피언대회를 이끌어왔고, 우승자는 청와대로 불러 직접 시상하는 등 골프에 대한 애착을 보였다.

박대통령이 이토록 골프에 열성이자, 국무총리배, 대법원장배 등 크고 작은 골프대회가 매년 개최되었다. 현재 서울대학교 캠버스 자리는 관악컨트리클럽 골프장이었다. 이 골프장이 경기도로 이전해서 개장할 때 대통령 박정희는 직접 휘호를 내리는 정성을 보였다.

이같은 대통령의 관심으로 70년대만 하더라도 70~72년 3년 사이에 무려 10여개의 골프장이 전국에서 속속 개장했다. 박대통령 재임기에는 한양, 뉴코리아, 태릉컨트리 클럽 등 무려 20여개에 달하는 골프장이 경쟁하듯이 문을 열었다.

특히 서울한양컨트리클럽은 1970대와 80년대에 세계골프오픈대회를 치렀던 국제적인 명문 골프장이었다. 박정희 대통령은 또 외국인 골프관광객을 유치해 외화벌이를 해야 한다며, 경주 보문단지에 골프장을 만들었다.

골프장이 늘어난 가장 큰 이유는 박정희 대통령이 정치인은 물론이고 측근, 각료들과 함께 골프를 쳤고, 군대항 골프 대회 등을 개최했기 때문이다.

박대통령은 국정에서 머리가 아프면 자주 뒷문으로 빠져나가 서울한양컨트리클럽을 찾았다. 서삼릉을 잘라 만든 박대통령에게 서울한양컨트리클럽은 청와대에서 가장 가까운 골프장이었다. 9홀 라운딩을 마친 박대통령은 측근들과 식사를 하고, 술을 마시며 스트레스를 해소했다.

당시 박대통령을 가까이에서 경호하던 경호 담당자의 증언에 따르면, 한양컨트리클럽에서 대통령 박정희가 골프를 치고 나서 점심으로 나온 곰탕을 맛있다고 칭찬하며 두 그릇을 비웠다고 한다. 그러자 박종규 비서실장은 "각하께서 두 그릇이나 잡수셨다"면서 어린 아이처럼 좋아했다고 한다.

1966년 박정희대통령은 서울한양컨트리클럽에서 골프를 치고 나서, 삼송리의 허름한 술집에서 막걸리 한 사발을 들이키고 돌아갔다. 정확히는 삼송리의 실비옥이라는 술집이다. 그 모습은 현재 배다리술박물관에 재현되어 있다.. 그때부터 고양 막걸리는 매주 청와대에 납품되었다.

박정희는 막걸리와 같은 전통술의 유통 판매는 불법화했다. 좋게 생각하면 식량이 부족하던 시절 쌀 소비를 줄이고, 세수를 확보하기 위해 그런 조치를 취했다고 한다. 그러나 정작 본인은 전국을 다니면서 이름난 술들은 다 마셔보고 다닌 것으로 유명하다. 내가 마시면 전통주, 남이 마시면 밀주였다.

당시 대통령이 이곳으로 골프를 치러 올 때는 도로변에 20, 30m 간격으로 한명씩 경찰이 서 있었다고 고양시 주민들은 증언한다. 각하의 경호를 위해 발칸포 기지와 벙커가 한양컨트리 안에 설치되어 철통 같은 경비를 펼쳤다. 군 병력은 골프장 내에 아예 상주했다.

박정희의 단골 골프장이던 서삼릉의 서울한양컨트리클럽에는 경호를 위해 발칸포 부대가 상주하기도 했다.

주한외교사절과 골프를 즐기는 박정희.

서울 육군사관학교가 있는 태릉 컨츄리클럽 개장식에 참석해 골프를 치는 박정희대통령. 경제 건설을 최우선 정책으로 삼았던 박대통령은 외국 정치인들과 골프를 치며 정사를 논했다.
출처 : 국가기록원

김종필과 전두환도 서삼릉을 조각낸 장본인이었다.

　말 한마디, 눈빛 하나에 모든것이 좌우되던 무소불위의 군사정권에 휘둘려 여러 갈래로 갈기갈기 잘려진 서삼릉.
　박정희 군부독재 시절, 정권의 2인자였던 김종필 전 국무총리와 전두환 전 대통령도 서삼릉을 훼손시킨 주역이었다.
　김종필 전 국무총리는 1966년 9월 대한소년단 제 6대 총재로 취임한 뒤 대한소년단을 '보이스카우트 한국연맹'으로 개칭했다. 김종필 총재는 이어 1968년 4월 '보이스카우트 한국연맹'을 '한국보이스카우트연맹'으로 개칭했다.
　김종필 전 국무총리가 한국보이스카우트연맹 총재로서 얼마나 왕성한 활동을 펼쳤는가는 다음과 같은 에피소드를 통해서도 드러난다.

김종필 전 한국스카우트연맹 총재가 보이스카웃 기금 마련을 위해 주최한 영화 '닥터 지바고'의 시사회를 보도한 경향신문 1968년 12월 18일자 기사.

1967년 김 전 국무총리는 지인으로부터 '닥터 지바고'의 시사회 입장권 수백장을 얻어 와서 보이스카웃 연맹 관계자들에게 서울 퇴계로 대한극장에서 시사회를 열어보라고 지시했다.

러시아 작가 파스테르나크의 장편 소설을 스크린으로 옮긴 이 영화는 당시 세계적으로 인기와 관심이 모아지던 명화였다. 이 영화는 세계적인 배우 오마 샤리프가 주연을 맡고, 작가 파스테르나크가 노벨문학상을 수상하면서 더욱 유명세를 탔다.

그 시절 김 전총리는 한국보이스카웃연맹의 주요 행사에는 빠짐 없이 참석해 회원들을 격려하고, 우수 회원들에게 포상을 했다.

박정희 전 대통령과 박근혜 전 대통령도 보이스카웃 활동을 열성적으로 지원하기는 마찬가지였다. 1978년 8월 18일 제 26차 세계 총회에서 박정희 전 대통령은 세계 명예총재로 추대됐다. 박근혜 대통령은 지난 1976년 한국걸스카우트 명예총재에 추대돼 지금에 이르고 있다. 박근혜 대통령의 아버지 박정희 전 대통령 역시 1962년부터 17년간 명예총재를 맡았다.

1968년 연맹 총재이던 김종필 전 국무총리는 희묘와 바로 붙어 있는 원당리 200~5번지 일대 1만평을 한국보이스카웃연맹 중앙훈련소 부지로 확보해 한국보이스카웃 역사에 한 획을 그었다.

군사정권에 의해 시작된 서삼릉의 수난은 박정희 시대를 이은 전두환 시대에도 계속됐다. 1986년 아시안 게임과 1988년 올림픽에 대비한다는 이유로 종마목장이 들어섰다.

말들의 놀이터로 바뀐 이 서삼릉 능역에서는 86년 아시안게임과 88년 서울 올림픽 당시 승마의 한 종목인 마장, 마술 경기가 열렸다.

한국 마사회 소유로 넘어간 11만여평은 현재 초지와 종마목장으로 이용되고 있다. 경마장에서 달리는 경주마를 기르고 있는 것이다.

마사회가 축협 소유의 초지 11만평을 불하 받은 것은 88년 서울올림픽 직전으로 전두환 전 대통령의 각별한 관심이 작용했다. 전 전 대통령은 재임 중에 자신의 말을 이곳에 두고 가끔씩 들려 승마를 즐겼다.
　왕릉에 도박을 위한 경마를 기르는 종마 목장이 들어섰다는 것은 수많은 유적들이 세계문화유산에 등록될 정도로 자랑스런 우리 민족의 수치다. 이와 동시에 군사정권들의 문화재 인식이 어떤 수준이었나를 증명한다.
　얼마나 문화재를 우습게 여겼으면 이런 짝이 났을까.

한국보이스카웃연맹 시상식에서 수상자들의 목에 메달을 걸어주고 있는 김종필 전 국무총리. 그도 서삼릉을 조각조각 갈라놓은 장본인이었다.

서삼릉역 한쪽에 자리잡은 한국스카우트연맹 중앙훈련원의 야영장.

서삼릉역에 버젓이 자리잡은 한국스카우트연맹 중앙훈련원 본부

전두환 정권에 의해 한국 마사회로 넘어간 서삼릉 능역에서는
86아시안게임과 88 올림픽 당시 승마 경기가 열렸고, 초지와 종마목장으로 이용되고 있다.

3. 이제 서삼릉을 고양시민의 쉼터로 개방하고 활용해야

서삼릉 주변 도로를 걸으며 휴일 한때를 보내는 시민들.
서삼릉을 전면 개방해 시민의 품으로 돌려줘야 한다는 여론이 들끓는다.

서삼릉역의 종마목장은 고양 시민의 쉼터로 전면 개방되고 있다.

조선왕조 최대 규모의 능역이던 서삼릉을 어떻게 복원하고 활용할 것인가?

현재 일반인들이 드나들 수 있는 곳은 희릉과 예릉 등 2만 4천여평 뿐이다. 전체 8만여평 중에 소경원, 왕자 공주의 묘, 후궁의 묘, 회묘 등 5만6천여평의 지역은 비공개 지역이다.

고양시민들은 우선 비공개지역을 개방해 고양시민의 쉼터로 활용해야 한다고 입을 모은다. 하지만 문화재청과 서삼릉측은 예산 부족과 인력 부족을 이유로 비공개 지역의 전면 개방을 미루고 있다.

서삼릉을 되살리기 위한 본격적인 시민운동은 2002년부터 시작되어 점차 목소리를 높이고 있다.

지역 유림과 시민, 환경, 사회단체로 구성된 '서삼릉 복원 및 시민공원 조성 추진위'는 서삼릉을 살리기 위해 10만명 서명운동을 벌인 뒤 ▲서삼릉 주변에 공원을 조성해 시민휴식공간으로 활용 ▲사유지 매입 등 방법으로 가능한 한 원형대로 복원 ▲서삼릉 비공개 구역의 전면 공개를 통한 공원화 등을 농림부와 경기도에 건의했다.

서삼릉을 되살려야 한다는 여론이 떠들썩하면서 고양시는 지난 2004년 서삼릉 일대에 역사공원을 조성한다는 계획을 추진했다. 서삼릉 태실이야말로 일본 침략자들이 남기고 간 역사 침탈의 살아 있는 교육장이기 때문이다.

고양시는 당시 덕양구 원당동 산 40의 2 서삼릉 일대 능역을 제외한 30만평에 도시공원을 조성하고 문화재보호구역을 복원하는 사업을 본격 추진했다. 토지매입비 등 301억원이 소요될 것으로 예상되던 이 서삼릉 공원화사업에는 시민의 숲, 오차정원, 산책로, 자전거도로, 역사 테마공원 조성, 주차장(700여대) 조성 등이 포함됐다.

시는 특히 공원화 사업이 완료된 이후 128억원을 추가 투입, 문화재청과의 협의를 거쳐 능역인 문화재보호구역(8만평)을 복원하고, 공원 외곽에 왕릉 박물관과 환상 녹지대, 역사 경관림 등을 조성할 방침이었다.

하지만 국회의원과 시장이 바뀌는 과정에서 고양시의 정책이 일관성을 갖지 못하면서 역사공원화 사업은 무기한 연기되고 있다.

권력에 의해 무참히 찢겨나간 서삼릉역은 이제 고양 시민의 역사, 교육 문화 휴식공간으로 활용해야 한다. 서삼릉을 시민의 품으로 돌려줘야 하는 것이다.

효창원에도 서삼릉과 같은 아픔이…
- 역대 정권에 의해 수난을 당한 효창원 -

　서울시 용산구 효창동, 지하철 6호선 효창공원앞역 부근에 위치한 효창공원도 서삼릉처럼 과거 정권에 의해 숱한 수난을 당했다.
　이곳은 원래 조선 22대 왕 정조의 맏아들인 문효세자(1782~1786)의 묘소였던 '효창원(孝昌園)'이었다. 정조의 장남으로 태어난 문효세자는 두 살 때에 바로 왕세자에 책봉되었으나, 불과 5살의 어린 나이에 세상을 떠났다. 지금의 효창공원이라는 이름은 '효창원(孝昌園)'이 있었던 자리였기 때문에 붙여졌다.

효창공원에 세워져 있는 이봉창의사 동상

　문효세자의 무덤은 일제강점기 말기인 1945년 3월에 경기도 고양시 서삼릉으로 강제로 이장됐다. 당시 효창원은 소나무가 많이 자라는 숲이었다. 일본 통치차들은 이곳을 '구(舊)용산고지'라 부르며, 일본군이 숙영과 독립군 토벌, 소탕작전 등을 펼쳤던 비밀작전지로 사용했다.
　1945년 광복 후에 일제의 군사

효창공원의 백범 김구기념관의 기념 동상.
김구 선생은 이곳에 독립운동가들의 묘역을 조성했다.

시설은 철거되었고, 귀국한 백범 김구 선생은 이곳에 독립운동가들의 묘역을 조성했다. 김구 선생의 뜻에 따라 윤봉길, 이봉창, 백정기 등 삼의사의 유해가 이곳에 모셔졌다. 이어 이동녕, 조성환 등 임시정부 요인들의 유해도 안장됐다. 1949년에 백범 김구 선생도 안두희에게 시해된 후 이곳에 유해가 모셔졌다.

이곳에는 '삼의사의 묘'라고 불리는 윤봉길, 이봉창, 백정기의 무덤 옆에 유골이 없는 가묘(假墓)도 하나 있다. 이 가묘는 현재 유해를 찾지 못한 안중근 의사를 위해 남겨놓은 것이다.

이처럼 우리나라의 독립을 위해 목숨을 바친 여러 순국열사의 묘가 모여 있는 효창원은 수난의 연속이었다.

이승만 정권은 1959년에 '아세아축구선수권 대회'를 개최하기 위해 이곳에 있는 독립운동가들의 묘를 파서 다른 곳으로 이장하고, 그 자리에 축구장을 설립하려고 했다.

당시 김두한 의원은 국회에서 "순국 선열에 대해서는 물질보다 추모의 정신으로 보답해야 하는 만큼, 우선 정부는 분묘에 대한 모든 절차를 결정한 후 운동장 설비공사에 착수했어야 한다"고 말하고 "효창공원의 선열 묘지를 함부로 파서 헐어 트리는 것은 생명을 조국 광복에 바친 순국 선열에 대한

도리가 아니다"" 라고 열변을 토했다. 결국 '공사중지 건의안'은 여야 만장일치로 통과되었다.

이렇게 운동장 설립계획이 무산되자, 이승만 정권은 1960년에 묘소들은 그대로 두고 바로 옆에 효창운동장을 만들었다.

박정희 정권은 1968년 이곳에 골프장을 건립하려고 했다. 이때에도 여론의 반대에 부딪히자 무산됐다. 대신에 뜬금없이 순국선열들의 묘가 내려다보이는 공원 가장 위쪽에 북한반공투사위령탑을 세웠다.

다행스럽게도 1989년에 효창공원은 사적 제330호에 지정됐다. 이후에 백범 김구 선생 기념관이 세워졌다. 한때 효창운동장을 이전하여 그 터까지 합쳐서 '효창독립공원'으로 조성할 계획까지 세웠다. 하지만 체육계의 반대로 무산되어 오늘날에 이르고 있다.

현재 효창공원 안에는 이봉창, 윤봉길, 백정기 등 삼의사의 묘, 임시정부 요인인 이동녕, 차이석, 조성환의 묘, 그리고 김구 선생의 묘, 백범 김구 선생 기념관, 이봉창의사 동상, 그리고 순국선열 7분의 영정을 모신 사당 의열사(義烈祠), 그리고 원효대상 동상 등이 남아 있다.

- 제 5 장 -
조선 왕조의 태실은 복원되어야 한다

제 5 장 - 조선 왕조의 태실은 복원되어야 한다

　모든 문화재는 그것을 조성했던 시대의 문화와 역사를 알려주는 사료이자, 작품이다.

　특히 태실은 조선이 남긴 세계적인 문화유산으로서 가치가 있다. 그 가치를 이해하고, 보존하여 후손에게 넘겨주는 것이 우리들이 할 일이다. 우리 시대에 남겨진 문화재를 파괴하거나, 관리를 부실하게 해서 훼손시키고 왜곡하는 것은 역사에 죄악을 짓는 행위다. 모든 문화재는 그것을 만든 조상들의 것이자, 지금 우리들의 것이며 후손들의 것이다. 그러므로 파괴되고 훼손된 태실들은 복원돼야 한다.

　복원이란 단순히 옛 모습대로 되돌리는 것으로 끝이 아니라 복원 후에도 계속 보수하고, 손질을 하여야 진정한 복원이 이뤄졌다고 할 수 있다. 그러기 위해서는 문화재청이나 지방자치단체에서 복원될 규모에 걸맞는 인력과 재원을 확보해 운용해야 할 것이다.

　복원된 태실은 또한 역사, 문화 교육과 관광 자원으로 활용되어야 한다.

　다행히도 태실의 문화재적 가치를 높게 평가하고 훼손되어 사라져가는 태실을 복원하는 지방자치단체들이 하나 둘 늘고 있다.

　태실 복원의 다양한 사례와 복원이 추진되고 있는 태실들을 살펴보자

1. 기구한 수난 끝에 복원된 정조의 태실과 경종의 태실

22대 임금 정조의 어진

영월군 영월개발위원회와
영월화력발전소의 협조로
영월읍 금강공원에 복원된 정조의 태실

폐사(廢寺)된 정양사 터에 남아 있는 바위의 명문(銘文).
정양사는 정조 태실의 안위와 수호를 맡은 원찰이었다.

정양리 주변의 민가에는 아직도 정조 태실의 석물 일부가 흩어져 있다.

1996년 서삼릉 발굴 조사 때 출토된 정조의 태항아리. 국립문화재연구소 소장.

석회 채굴업자가 마구 끌어내려 작업장 한 구석에 방치해 버린 정조 태실의 실태를 고발한 경향신문 1965년 3월 11일 기사.
정조는 원래 묘호가 정종이었으나 정조로 바뀌었다.

조선의 제22대 왕 정조의 태를 모신 정조 태실은 강원도 영월군 영월읍 정양리에 있다. 강원도 유형문화재 제114호. 정조가 태어난 다음 해인 영조 29년(1753)에 태실을 만들고, 순조 즉위년(1800)에 태실비를 세웠다.

정조 태실은 조선왕조의 멸망 이후 철조망에 둘러진 채 방치돼 있었다. 그러다 1929년 조선 총독부에서 전국에 있는 태실을 경기도 고양시 서삼릉으로 옮길 때 거의 모래흙이나 다름없는 어태(御胎)와 그를 담은 태항아리를 가져갔다. 이때 어태를 넣은 태항아리를 하얀 가마에 태워갔다고 한다.

이후 정조 태실은 무참히 파괴되어 버렸다. 더구나 이곳에 일제강점기인 1936년 영월화력발전소가 건립되어 태봉의 위용은 원형을 상실했다.

태봉의 수호사찰로 추정되는 정양사(正陽寺)는 화력발전소에서 나오는 석탄 분진(粉塵)과 소음 공해로 폐사(廢寺)됐다. 그리고 태봉 아래에 살던 정양리 주민들은 산지사방으로 대부분 흩어졌다. 평화롭던 이 마을은 폐허가 되다시피했다.

석물 일부가 사방으로 흩어졌거나 매몰되기는 했지만, 그래도 정조 태실은 60년대 초반까지 영월군 하동면 정양리 영월석회광업소 작업장 윗부분에 위치하고 있었다. 정조 태실지에는 화력발전소 뿐만 아니라 석회석을 채굴하는 석회광업소까지 들어섰던 것이다.

그러던 것이 63년 12월 영리에만 급급한 석회광업소 우동철소장이 작업원들을 시켜 정조 태실을 임의로 끌어내려 작업장 한구석에 방치해버렸다. 〈경향신문 1965년 3월 11일자 보도〉

불행 중 다행으로 지난 1967년 영월개발위원회와 영월화력발전소의 협조로 흩어진 태석들과 석물들을 거두어 들여 영월읍 금강공원에 복원됐고, 오늘에 이르고 있다. 하지만 지금도 정양리 태봉산 기슭에는 태석 일부가 매몰되어 있다.

애초의 태실지는 지금의 자리가 아니었다. 원래 위치는 산 아래 화력발전소의 작은 뒷산 송전탑이 있는 곳이었다.

정조의 묘호는 원해 정종이었다. 그러던 것이 대한제국 때인 1899년 정종에서 정조로 묘호가 바뀌었다. 따라서 순조 즉위년(1800)에 세운 정조의 태실비에는 '정종대왕'이라고 새겨져 있다.

☞ 묘호(廟號) : 임금이 죽은 뒤 종묘(宗廟)에 신위(神位)를 모실 때 붙이는 호(號).

정조 태실은 현재 2기가 남아 있다. 하나는 받침돌 위에 둥근 몸돌을 올리고 8각형의 지붕돌을 얹은 모습이다. 그 주위에는 난간을 둘렀다. 다른 하나는 원통형 돌함(石函) 위에 반원형의 뚜껑돌을 얹은 모습이다.

태실비는 거북받침 위에 한개의 돌로 된 비몸과 머릿돌을 세웠다. 거북받침의 등에는 5각형 무늬를 조각했다. 머릿돌에는 두 마리 용을 양옆에 새기고, 그 사이에 구름 무늬를 채웠다.

비몸은 이수와 동일석(同一石)으로 만들었는데, 전면에는 〈정종대왕태실(正宗大王胎室)〉, 후면에는 「가경 육년십월이십칠일 건(嘉慶 六年十月二十七日 建)」이라고 만든 날짜를 새겼다.

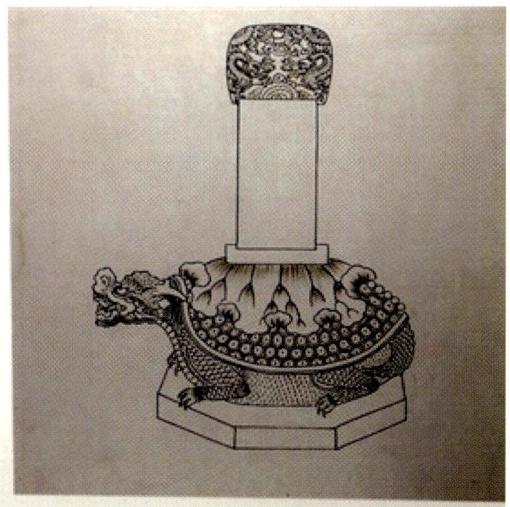

정조의 태실과 태실비 모습
「정조태실석난간조배의궤正祖胎室石欄干造排儀軌」부분 | 조선, 1801년 | 서울대학교 규장각한국학연구원

'정조태실석난간조배의궤'에 나오는 정조의 태실과 태실비 모습. 실제의 태실 모습과 거의 다를 게 없다.

정조의 서삼릉 태실 비문

어처구니 없게도 면사무소의 장식물로 변모한 경종 태실의 훼손 실태를 고발한 동아일보 1974년 3월 28일자 기사.

20대 임금 경종의 태실은 충북 충주시 엄정면 괴동리 산 34-1에 있다. 충청북도 지방유형문화재 제 6호다.

이곳 태실은 순조 31년(1831년) 도굴 당했다. 이후 조선총독부는 태실의 관리와 유지가 어렵다는 이유로 1929년 조선왕조의 태실들을 경기도 고양시 서삼릉으로 옮겼으니, 경종의 태실도 이 당시에 태항아리를 꺼내가 석물은 흩어지고 태실비만 남았다.

참으로 어처구니 없는 일이었다. 역대 임금의 태실 가운데 가장 정성 들여 만들어진 경종 태실의 석물들은 지난 70년대에는 산비탈에 마구 흩어졌 있었다. 그런가 하면, 난간석의 일부는 임자 없는 고물처럼 엄정면사무소로 옮겨져 정원 장식으로 쓰였다. 이후 충주시에서 태실을 복원했다.

이같은 사실은 동아일보 1974년 3월 28일 7면의 고발 기사에 잘 나타나 있다. 당시 이 기사가 나가자, 지방에 산재한 문화재 관리의 소홀을 질타하는 여론이 들끓었다. 충주시에서는 부랴부랴 면사무소의 정원 장식을 뜯어내어 복원에 들어갔다. 중앙 언론의 고발 기사가 태실 복원의 견인차가 된 것이다. 모처럼 언론이 제 역할을 했다고나 할까.

인근 면사무소의 정원 장식물로 쓰이다가 충북 충주시 엄정면 괴동리 태봉에 복원된 20대 임금 경종의 태실.

2. 태실 복원의 모범적 사례 – 지방자치단체에 의해 복원된 인종 태실

12대 임금 인종의 태실은 지금처럼 복원되기 전에는 이렇게 폐허가 된 채 훼손되고 방치되어 있었다.

인종 태실들이 복원하기 전에는 보는 이가 안타까울 정정로 태실의 석물들이 태실지 주변에 나뒹굴었다.

복원된 인종 태실. 사실적이면서도 세부 묘사가 뛰어나다.
약 500년 전 조성된 태실의 석물은 그 정교함이 놀라울 따름이다.

인종 태실을 복원할 당시 포크레인이 주변 정리 공사를 하고 있다.

최근 들어 지방자치단체들이 나서서 태실 유적을 복원하는 분위기다. 그런 가운데 경북 영천시 청통면 치일리 인종 태실은 지방자치단체에 의해 임금의 태실이 복원된 모범적인 사례다.

조선 12대 임금 인종의 태실은 1929년 경기도 고양시 서삼릉으로 태항아리, 태실비, 지석 등이 옮겨간 뒤 폐허가 되다

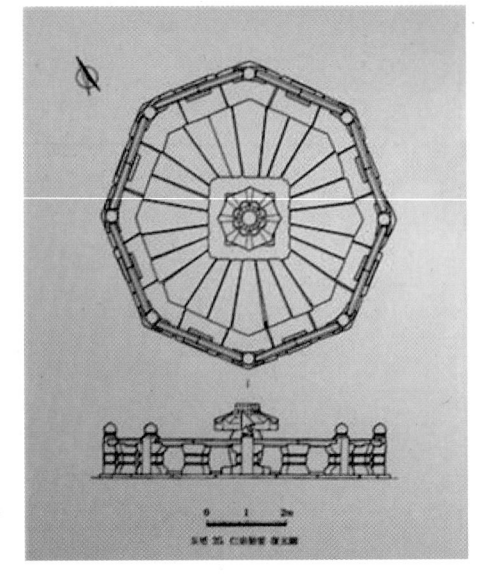

인종 태실 복원도

시피했다. 산등성이와 계곡가 이곳 저곳에 나뒹구는 태실의 석물들은 보는 이의 안타까움을 자아낼 정도였다.

인종 태실은 주산(主山)을 배후로 한 둥근 봉우리 정상에 위치하고, 석물의 형태나 문양이 화려했다. 주변에 가봉비(加封碑)가 배치되어 있으며, 그 크기나 이수(?首), 조각의 전체적인 설정이 매우 사실적이면서도 세부 묘사가 뛰어났다. 약 500년 전 조성된 태실의 석물은 그 정교함이 놀라울 따름이었다.

또한 인종 태실은 조성 연대가 분명하며, 태실의 조성 양식과 조각 기법을 연구하는데 중요한 자료가 될 만했다.

1999년 경북문화재연구원은 복원 정비를 위한 정식 발굴조사를 실시해 개첨석, 중동석, 난간석 등 석물들을 수습했고, 태실복원도를 작성했다. 2007년 영천시에서 이를 토대로 인종의 태실을 복원했다. 현재 인종 태실 한쪽에는 복원하고 남은 석재들이 모아져 있다.

발굴 조사 당시 현장에는 아기 태실비는 없이 귀롱대(龜籠臺) 가봉비(加俸卑)

비좌(碑座) 상석(裳石) 사방석(四方石) 동자석(童子石) 죽석(竹石) 등 11가지 석물이 남아 있었다.

이 가운데 동자석과 죽석은 두 종류가 있었다. 주석과 동자석은 대부분 세워진 위치에서 바로 넘어져 있어 원래 위치를 쉽게 파악할 수 있었다. 상석은 그 모양과 형태 및 발견 위치에 의해 원위치를 확인할 수 있었다.

영천시청에 보관돼 있는 '인종태실 발굴조사 보고서'에 따르면, 이곳 인종 태실을 복원하면서 충남 서산의 명종 태실을 참고자료로 많이 활용했다. 두 태실의 가봉(加封) 시기가 비슷해 석물의 모양이나 배치 형태 등이 비슷할 것으로 추측됐기 때문이었다.

영천시청의 한 관계자는 "최대한 원형대로 복원하기 위해 전국 각지의 태실들과 서삼릉 태실을 수차례 답사했다"며 "복원 할 때 사용한 석물은 경주 남산에 있는 화강암을 가져와 깎았다"고 설명했다.

그럴 수 밖에 없는 것이 복원된 석물의 색과 모양은 원래 조성될 당시의 석물에 비해 색과 모양이 조금씩 다르긴 하다.

복원된 인종 태실은 장타원형(50×34m)의 평지로 조성되어 있는 봉우리 정상에 있다. 그 형태는 '팔각원당형'이다.

이곳 태봉을 살펴보면, 좌우로 물이 흐르고 산세가 드높은 가운데 봉우리가 솟아 있다. 마치 용이 평야를 향해 머리를 들이민 형국이다.

영천시청 문화재담당관은 "지금은 숲이 우거져 산세를 짐작키 어렵다. 하지만 위성 사진을 보면 이곳에 태실이 조성될 수밖에 없었던 기막힌 산세를 한눈에 볼 수 있다"며 "태실은 봉우리 정상에 마치 화룡점정처럼 자리하고 있다"고 말했다.

서삼릉에서 출토된 인종의 태항아리.

서삼릉의 인종 태실

인종 태실의 수호사찰이던 영천 은해사.
원래의 수호 사찰은 당시에는 백지사로 불리던 현재의 백흥암이었다.

　　이곳 태실을 지키던 수호 사찰은 당시에는 백지사로 불리던 현재의 백흥암이었다. 1520년(중종 15)에 은해사가 창건된 후 태실의 수호사찰은 백흥암에서 은해사로 바뀌었다.

　　가봉비인 아기 태실비와 태항아리, 지석은 서삼릉에 보관되어 있다. 비석 전면에는 '인종대왕태실(仁宗大王胎室), 후면에는 '자경북영천군청통면이봉ㅇ년오월(自慶北永川郡淸通面移封ㅇ年五月)'이라고 새겨져 있다.

　　태항아리는 뚜껑과 몸체에 봉합 천과 봉합 끈이 남아 있고, 이중의 백자 항아리로 구성되어 있다.

　　지석은 장방형으로 대리석 재질이다. 규모는 가로 25.2㎝, 세로 22.5㎝, 두께

4.5cm이고, 제작 시기는 1512년이다. 총 명문 수는 32자다.

전면에 '황명정덕십년이월이십오일술시생세자고태정덕십육년정월십칠일오시장(皇明正德十年二月二十五日戌時生世子?胎正德十六年正月十七日午時藏)'이라고 음각되어 있다.

3. 복원을 애타게 기다리는 태실들

1) 태실비의 윗 부분을 찾아야 제대로 복원이 이루어지는 헌종의 태실

나머지 반쪽을 찾아라!

충남 예산군 덕산면 가야산 자락 옥계저수지 물속에 수몰되었던 제24대 임금 헌종의 태실비 아랫 부분은 2015년 9월에 인양됐다. 예산군은 첨단수중음파탐지기를 동원해 옥계저수지 수중에서 탐사작업을 펼쳐 헌종의 태실비 아랫 부분을 찾아냈다.

예산군청 문화재팀은 탐문을 통해 주민들로부터 태실비가 옥계저수지 속에 있다는 말을 듣고, 수중지표 조사를 실시해 수심 3~4미터 아래에 묻혀 있는 비석의 반쪽 존재를 확인했다.

당초 태실비의 크기는 전면과 측면에 용 2마리가 표현된 상단까지 대략 150cm 정도였다. 하지만 아쉽게도 상단은 잘려나간 상태로 인양됐다. 지난해 인양된 태실비는 '주상전하태실(主上殿下胎室)'이라고 새겨진 비석의 아랫 부분이다.

두 동강난 태실비 아랫 부분은 지난해 찾아냈으니, 이제 나머지 윗 부분을 찾아야 하는 것이다.

예산군은 나머지 윗 부분을 찾아내기 위해 '충남역사문화연구원'(원장 장호수)과 용역 계약을 맺었다. 충남역사문화연구원은 공주 수촌리 고분군을 발굴 조사하는 등 매장 문화재의 정비, 복원에 큰 기여를 해온 단체다.

헌종 태실비의 아랫 부분은 옥계저수지에서 찾았고, 잘라진 윗 부분 역시 예산저수지 안에 매몰돼 있을 것으로 추측되고 있다. 충남역사문화연구원은 첨단수중음파탐지기 등 첨단 장비를 이용해 발굴 작업을 벌이고 있다. 하지만 옥계저수지는 수심이 깊고, 만수 면적이 43만 2,000㎡에 이르는 큰 저수지여서 어려움을 겪고 있다.

귀부석 위에 올려 졌던 헌종대왕 태실 비석은 1970년대에 사라졌다고 전해진다. 누군가 비석을 훔쳐가려다 무거워서 산 아래 옥계저수지에 버리고 갔다고 동네 주민들은 증언하고 있다.

예산군청 관계자는 "누군가 태실비를 저수지에 밀어넣었다는 주민들의 증언은 신빙성이 있다"면서 "첨단 장비를 더 동원해서 나머지 반쪽을 반드시 찾아내겠다"고 밝혔다.

헌종 태실은 지난 2009년 예산군에 의해 일부 복원되었다. 완전한 복원이 아니라 일부 복원이다. 앞으로 태실비의 윗 부분도 발견되면, 태실 복원사업에 탄력을 받을 것이다. 헌종의 태실은 일제강점기인 1929년 고양시 서삼릉으로 어태(御胎)를 이안한 후 파괴됐었다.

다행히 여러 차례 도난의 위기를 맞을 정도로 중요한 태지석은 현재 덕산면사무소에 보관되는 등 복원에 필요한 중요 석물이 남아 있었다.

예산군 관계자는 "연엽주석, 연엽동, 자석, 횡죽석은 사라졌지만 온전한 복원을 위해 덕산면 인근 지역의 마을 주민들이 나서고 있다"고 말했다.

옥계저수지에서 찾아낸 헌종 태실비의 아랫 부분. 예산군은 나머지 윗부분을 찾아내는 데 박차를 가하고 있다.

2009년 일부 복원된 헌종 태실. 귀부석 위 태실비 자리가 비어 있어 복원을 하다 만듯한 기형적인 형상이다.

24대 임금 헌종의 어진.

1970년대 사라진 헌종 태실비를 찾기 위해 첨단수중음파탐지기를 동원해 옥계저수지 수중에서 탐사작업을 벌인 탐사대원들.

헌종 태실비의 윗 부분이 매몰된 것으로 추측되는 옥계저수지는 수심이 깊고, 만수 면적이 넓어 발굴 작업에 어려움이 많다.

　헌종 태실의 석물은 정조와 순조의 태실 구조와 비슷한 형태로 기하학적인 문양들이 양각되는 등 뛰어난 예술성이 있는 것으로 평가되고 있다. 태실 기단과 중동석, 옥개석, 귀부 등이 남아 있고, 태실비의 이수와 비신, 난간석은 이미 사라졌다. 귀부(거북이 모형)는 근엄하고 화려하기보다는 해학적인 모습을 하고 있어 정겹게 다가온다.

　1827년 태어나 8세의 어린 나이로 등극한 헌종은 재임 중인 1847년에 자신의 태실을 조성했다. 당시 태실 조성에 대한 안태사 이지연의 보고용 그림과 실록의 기록은 서울 규장각에 있는 '원손아기씨안태등록'에 자세히 나와 있다.

　그리고 〈군현진지도(郡縣鎭地圖)〉에도 1872년 덕산군(德山郡)에 헌종의 태를 장태했다는 기록이 남아 있다.

군현진지도(郡縣鎭地圖) : 덕산군(德山郡)에 나타난 헌종의 장태 기록.

2) 복원 작업이 한창 진행 중인 문종과 사도세자의 태실

사도세자의 영정

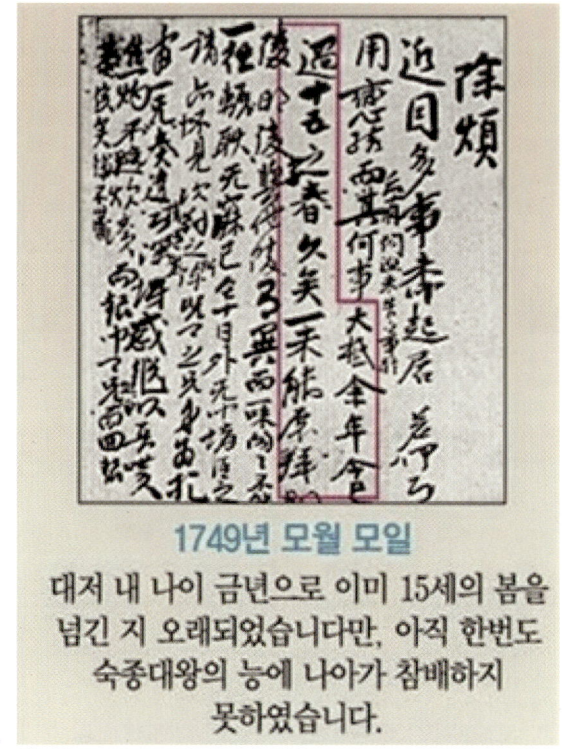

1749년 모월 모일

대저 내 나이 금년으로 이미 15세의 봄을 넘긴 지 오래되었습니다만, 아직 한번도 숙종대왕의 능에 나아가 참배하지 못하였습니다.

조상에 대한 효심이 지극했던 사도세자의 친필.

    경북 예천군 상리면 명봉사 북쪽에 위치한 조선 왕실의 태실유적 복원사업이 본격적으로 추진되고 있다. 예천군은 2015년 연말 군청 영상회의실에서 '조선왕실 태실유적 복원 기본설계 연구 용역'에 대한 최종 보고를 받았다. 이에 따라 종합정비계획을 마련해 생명과 효를 연계한 문화유산으로 본격 개발하기로 했다.

    예천군은 2016년 7월초 (재)성림문화재연구원과 함께 예천군 상리면 명봉리에 위치한 문종대왕 태실과 사도세자(장조) 태실 유적의 학술조사보고서를 발간했다.

이에 앞서 2014년 7월에는 학술조사보고서가 발간됐다. 문화재청으로부터 전액 국비를 지원받아 진행된 이 학술보고서는 문종대왕과 사도세자 태실유적의 발굴조사 내용을 체계적으로 정리하고, 앞으로 종합적인 복원을 추진하기 위해 진행됐다.

이 보고서에는 명봉리에서 출토된 다량의 석물을 실측 조사해 작성한 추정 위치도도 실려 있다. 앞으로 더 자료를 수집하고 학계의 고증을 거친다면 원형의 복원이 가능할 것으로 판단되고 있다.

명봉사 북쪽에 위치한 문종과 사도세자(장조)의 태실은 1929년 조선총독부가 조선 왕조의 정기를 끊기 위해 전국 각지에 봉안된 왕실의 태실 54기를 경기도 고양시 서삼릉으로 옮기는 과정에서 훼손했다.

예천군은 정조가 아버지 사도세자의 태실을 다녀간 기록을 토대로 태실까지 이르는 길을 '왕의 길', '효행의 길' 등으로 정비하고 원형을 복원할 계획이다.

이번 연구용역에서는 장서각에 보관중인 장조(사도세자) 태봉도, 태실 출토 유물, 전국 27개의 왕과 왕비의 태실에 대해 전수 조사한 자료 등을 토대로 문종대왕과 사도세자 태실의 복원도를 완성했다.

문종과 사도세자의 태항아리는 안치 당시 명봉사를 기점으로 명봉산 위에 나란히 안치됐던 것으로 알려져 있다. 그리고 정조의 아들인 문효세자의 태실은 인근에 위치한 용문사에 봉안돼 있다.

예천군 이재완 학예연구사는 "앞으로 문종과 사도세자의 태실 복원을 통해 이곳을 조선왕조 태실문화의 산 교육장이자 정조의 효심을 보여주는 문화 자원으로 활용할 계획"이라고 말했다.

그는 또 "사도세자와 문종의 태항아리와 함께 사도세자 태봉도와 사도세자 태실비 탁본, 태봉등록 등 여러 문헌에 남아 있는 역사자료를 활용하면 2012년에 발견된 석물을 원형에 가깝게 복원할 수 있을 것"이라고 말했다.

예천군은 앞으로 이곳을 수원과 화성에 위치한 정조 관련 역사자원과 연계해 충효와 관련된 다양한 콘텐츠를 개발할 계획이다.

정조가 선친인 사도세자를 모시기 위해 지극정성을 보였던 모습이 고스란히 남아 있는 '효의 상징' 융·건릉(사적 206호 경기도 화성시)은 이미 세계문화유산으로 지정돼 있다.

태실유적 복원사업이 본격적으로 추진되고 있는 사도세자 태실의 복원 조감도 (제공 : 예천군)

서삼릉에 있는 사도세자의 태실비.

장서각에 보관중인 장조 태봉도에는 명봉사의 위치와 문종대왕 태실비, 사도세자태실비의 위치가 자세히 기록 돼 있다.

이에 앞서 지난 2012년에는 경북 예천군 명봉리 사도세자와 문종 태실 터에서는 태항아리를 보관하던 석물이 다량 발견돼 학계의 관심을 모았다. 예천군이 '성림문화재연구원'에 의뢰해 발굴조사를 실시한 결과, 태실 터에 온전하게 남은 석함과 뚜껑, 개첨석, 횡죽석 등 다량의 석물이 출토됐다.

당시 상리면 명봉사 일주문 주변에서 발견된 '경모궁 태실 감역 각석문'은 경북도로부터 문화재자료 제623호에 지정됐다.

이 '각석문'은 가로 76㎝, 세로 99㎝의 자연암석이다. 1785년(정조 9년) 사도세자의 태실 공사를 담당했던 책임자들의 명단이 새겨져 있다. 〈승정원 일기〉에 기록된 내용과 일치하는 이 각석문은 정조의 재위 기간에 추진된 사도세자 추숭사업의 규모 등을 연구하는 데 중요한 자료로 평가되고 있다.

예천군이 성림문화재연구원에 의뢰해 발굴조사를 실시한 결과,
태실 터에 온전하게 남은 채 발견된 사도세자 태실의 석함.

명봉산 뒤 야산에서 새로 발견된 사도세자 태실의 석물.

명봉산 주변의 숲속에서 발견된 사도세자 태실의 석물.

사도세자 태실지에서 석함과 함께 발견된 개첨석.

2012년 명봉사 일주문 주변에서 발견된 '경모궁 태실 감역 각석문'은 경상북도 문화재자료 제623호로 지정됐다.

이 각석문에는 운관제거(雲觀提擧) 홍양호(洪良浩), 도관찰사(都巡察使) 정창순(鄭昌順), 풍기군수(豊基郡守) 이대영(李大永), 영천군수(榮川郡守) 이라고 기록돼 있다.

봉황의 울음소리가 들린다는 명봉산 자락에 자리잡은 명봉사는 사도세자 태실의 수호사찰이었다.

경기도 화성시 안녕동 효행로에 있는 융릉(隆陵)은 추존왕 장조(사도세자)와 비 헌경왕후 홍씨를 합장한 무덤이다.

3) 이 핑계 저 핑계로 복원이 자꾸 미뤄지는 광해군의 태실

영화 '광해'의 한 장면. 재평가를 받고 있는 광해군의 태실 복원 사업이 진전을 보이지 않아 안타깝다.

그야말로 극과 극이다. 조선시대 임금님들 가운데 광해군만큼 평가가 엇갈리는 임금님도 없다.

> 1. 광해군의 정치 – 임진왜란 후 어려워진 나라를 다시 일으켰다.
> 2. 중립 외교 – 명나라와 청나라 사이에서 실리를 추구했다.
> 3. 인조반정 – 왕위에서 쫓겨났다.

조선왕조는 광해군을 폭군으로 규정하고 있지만, 오늘날 광해군에 대한 새로운 평가가 시도되고 있다. 광해군은 재위 15년 2개월 동안 실리외교를 펼치는 등 군주로서 매우 성실하고 탁월했다는 평가가 점점 더 설득력을 얻고 있다.

그런데 광해군 태실이 이 핑계 저 핑계로 복원이 미뤄지고 있어 안타깝기만 하다.

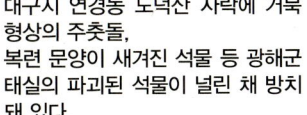
대구시 연경동 도덕산 자락에 거북 형상의 주춧돌,
복련 문양이 새겨진 석물 등 광해군 태실의 파괴된 석물이 널린 채 방치돼 있다.

대구시 북구 연경동 광해군의 태실은 일제 강점기까지 어느 정도 위용을 지니고 있었다고 전해진다. 그러다가 1990년대 초에는 도굴꾼에 의해 파헤쳐졌다. 누군가 땅 속에 묻혀 있는 석함을 파내려다가 중도에 포기하고 돌아갔다.

또한 2003년에도 광해군 태실이 파헤쳐져 당국이 진상조사에 나섰다. 대구 북구청에 따르면 북구 연경동 태봉에 묻혀 있던 광해군의 태실이 도굴꾼들에 의해 파헤쳐졌다.

광해군 태실은 이곳 연경동 태봉마을 북편 야트막한 구릉 말단부에 있다. 현재 태봉마을과 주변 토지는 LH가 시행하는 보금자리주택지구로 편입돼 개발을 기다리고 있다.

영화 '광해, 왕이 된 남자'가 관객 1천만 명을 돌파한 뒤 광해군 태실이 훼손된 채 방치되어 있는 것으로 알려지면서 화제가 되었다. 이후 북구청은 지난 2013년 문화재 보존을 위해 예산 2천만원을 들여 지표 조사를 벌이는 등 복원에 힘쓰는 듯 보였다. 하지만 이후 태실은 다시 과거 속으로 묻혔다.

근처에 세워진 문화재청의 안내문에는 광해군 태실에 대한 발굴조사가 2013년 12월부터 시작됐다고 적혀 있다. 하지만 이곳에 광해군 태실이 있었다는 사실을 알려주는 비석이나 석물들이 그저 비닐에 싸인 채 흩어져 있을 뿐이다.

최근 광해군에 대한 재해석이 이뤄지고 있는 흐름 등을 미뤄볼 때 광해군 태실이 갖고 있는 잠재적 가치가 상당하다는 지적이 나오지만, 정부와 지자체는 손을 놓고 있는 실정이다.

이에 대해 광해군 태실이 갖고 있는 역사적 가치와 관광자원으로서의 잠재력을 감안할 때 이곳 태실에 대한 발굴 조사와 복원, 관광자원화 사업 등이 시급하다는 여론이 드높다.

  이와 함께 광해군 태실을 경북 성주의 '세종대왕자 태실'처럼 관광자원화하여 대구의 대표적 명소로 만들어야 한다는 주장도 제기되고 있다.

경기도 남양주시 진건면 송릉리에 있는 조선 제15대 왕 광해군과 그 부인 문화유씨의 묘소.

아하! 문화재 복원, 이렇게 하는구나
- 유물의 재탄생, CT·내시경·3D프린터로 문화재 복원 -

국보 제91호 '기마인물형 토기' 토기의 보존처리를 위해 해체한 모습. 국립중앙박물관 제공.

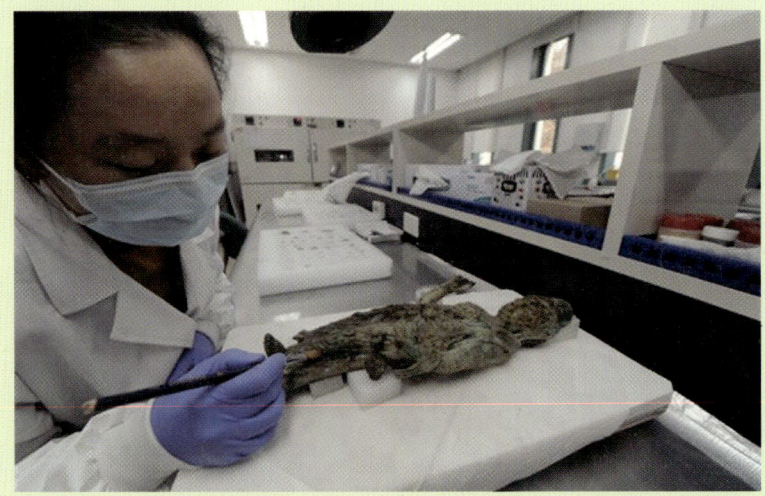

국립문화재연구소 연구원이 최근 강원 양양 선림원지에서 출토된 고려불상에 붙은 이물질을 제거하고 있다. 문화재청 제공.

보존처리 된 국보 제 91호 '기마인물형 토기'. 국립중앙박물관 제공.

    이물질이 끼이고, 녹이 슬고, 마모되고, 색이 바래고……오랜 세월을 거치면서 손상된 문화재는 어떤 과정을 거쳐 본래의 형태로 복원될까?

    국립문화재연구소 '문화재보존과학센터'에서는 CT, 엑스레이 기계, 내시경, 3D프린터처럼 의료, 산업분야에서 쓰는 기계를 문화재 보존연구에 맞춰 개량해 만든 기자재를 사용해서 문화재를 복원한다.

    문화재 복원을 위한 보존 처리는 아픈 사람이 병원에 가서 수술 받고, 치료하는 과정과 비슷하다. 하지만 유물의 재료에 따라 처리 방식이 각각 다르다.

    금속(金屬) 문화재의 경우 출토되는 과정에서 급속한 부식이 진행된다. 부식을 억제시키지 않을 경우 유물 유형을 완전히 잃을 수 있다. 보존 과학 인력의 부족, 예산 부족 등으로 출토 후 짧게는 몇 개월, 길게는 수십 년 수장고에 보관되다가 보존처리 되는 국내 실정에서는 부식 억제가 최대 관건이다.

석조(石造) 문화재를 수리 복원할 때는 석조문화재가 제작되었을 때와 동일한 기법과 재료를 사용한다. 과거에는 균열된 석재를 보존하기 위하여 접착 부위에 철심을 박아 넣고, 유황을 끓여 붓는 방법이 이용됐다.

최근까지도 시멘트나 석고 등을 석재 접착에 사용했다. 그러나 오히려 풍화를 촉진시켜 석질을 약화시키는 등 부작용이 나타나고 있다. 현재에는 화학공업 기술의 발전과 더불어 에폭시 계통의 새로운 합성수지가 개발되어 손상된 석조문화재 수리 복원에 접착제와 충진제로 널리 사용되고 있다.

석조 문화재는 다른 문화재에 비해 규모가 커서 전면 해체해 보존 처리할 경우 손상부가 생길 수 있다. 때문에 상태 조사 직후 균열을 임시로 메우는 등 응급 보전처리를 실시해 손상부 발생 위험을 줄인다.

직물(織物) 문화재는 화학적 원인에 의해 쉽게 손상될 수 있다. 현미경 등으로 섬유와 안료의 성분을 분석하고, 엑스레이와 CT 촬영 등으로 직물 조직과 유물의 손상 상태를 찾는 구조 조사를 병행한다.

관련 문헌, 그림 등을 참조해서 원형의 형태를 되살리고, 마모된 부분은 직물을 풀어 한 올 한 올 다시 엮기도 한다. 유실된 부위를 메우는 보강 직물은 유물의 색상과 어울리도록 염색해 준비한다.

지류(紙類) 문화재는 대개 보존처리가 적용될 부분부터 정확하게 파악해야 한다. 손상된 부분, 손상되어 망실된 부분, 곰팡이에 의해 부식 된 부분, 벌레에 의해 훼손된 부분, 통풍 등 보관미흡으로 인해 부식된 부분, 유물 취급 시 부주의로 인해 파손된 부분 등을 파악한 뒤 보존처리해야 한다.

보존 처리시 물리적 복원 처리법으로는 구겨진 곳 펴기와 클리닝을 실시한다. 그리고 보존처리 후에는 파일 박스 등 보존 용기에 넣어 항온 항습이 되는 곳에 보관한다

지류 문화재는 주요 재질이 종이이기 때문에, 환경에 특히 민감하다. 보존

처리는 해당 유물의 형태, 손상 정도, 제작 기법, 재질을 밝히는 기초조사를 바탕으로 유물이 제작된 시기의 전통 재료를 복원, 개발하는 일도 병행해야 한다.

붓 등으로 표면을 털어내는 건식 세척, 화학 약품을 쓰거나 침적(물에 가라앉힘)으로 이물질을 제거하는 습식 세척을 실시한다.

김사덕 국립문화재연구소 문화재보존과학센터 사무관은 "지금 수준보다 더 뛰어난 보존처리 기법이 나왔을 때를 대비해 현 상태를 유지할 수 있는 '최소한의 보존처리'를 목표로 한다"고 말했다. 엑스레이 촬영 등으로 지워진 그림의 원래 형태를 알 수 있어도 덧대 그리지 않는 것은 그런 이유에서다.

- 제 6 장 -
태봉과 태실의 풍수지리학적 비교 분석

제 6 장 – 태봉과 태실의 풍수지리학적 비교 분석

왕릉과 태봉은 모두 풍수지리학적으로 최고의 길지에 자리잡았다.

하지만 지리적 조건은 서로 달랐다. 또한 '왕릉이 요구하는 명당의 조건'과 '태봉이 요구하는 명당의 조건'도 각각 달랐다.

고려 시대에는 도선 국사가 당나라에 가서 장일행이라는 선사로부터 풍수지리학을 전수받아 고려 태조 왕건에게 많은 영향을 끼쳤다. 또 통일신라 시대에 태종 무열왕이나 김유신 등의 묏자리를 정할 때 풍수지리설을 이용하였다.

풍수는 중국의 서북 지방에서 유입되었다는 설이 유력하다. 중국인 곽박이 쓴 〈장경(葬經)〉에 나오는 '장풍득수(藏風得水)'의 준말이다. 이는 땅 밑을 흐르는 생기를 잘 보존하고 이용하기 위한 술법을 이르는 말이다.

다시 말하면, 풍수학은 땅이 만물을 길러 자라게 하는 활력을 지니고, 땅에는 생기가 충만한 곳과 그렇지 않은 곳이 있다는 전제 아래, 이 생기가 충만한 특정한 곳을 밝혀내는 학문이다. 또한 풍수학은 땅에 충만한 생기를 어떻게 전달받느냐 하는 것을 연구하는 학문이다.

우리 조상들은 산에 지기가 있고, 지기가 결집하는 곳이 있다고 믿었다. 그래서 국가에서 중요한 위치를 잡고자 할 때는 풍수설에 걸맞는 여러 지역을 고찰했다. 그런 다음 가장 이상적 환경으로서의 길지를 선호했다.

한양이 그 좋은 예다. 고려 중엽 때부터 당시의 수도였던 개성과 평양에 버금가는 도시로 각광을 받았다. 고려의 31대왕 공민왕은 '남경으로 도읍을 옮기면 열여섯 나라에서 머리를 조아리며 조공을 받치게 된다'는 설에 남경으로 도읍을 옮기려고도 하였다.

한양의 산세를 보면, 북악산을 주산(主山)으로 하여 낙산, 응봉, 인왕산, 남산이 둘러싸고 있다. 청계천과 한강이 그 사이를 흐르고, 그 안에 경복궁이 남쪽을 바라보며 자리잡고 있다. 그래서 한양은 풍수지리적으로 천하의 명당이다. 한나라의 수도의 요건을 모두 갖추었을 뿐만 아니라 현대적 도시 요건으로도 큰 산과 큰 강을 끼고 있어 조금도 손색이 없는 곳으로 평가되고 있다.

한양의 지세에서 보듯이 풍수지리학적으로는 예나 지금이나 배산임수(背山臨水)의 지형이 최고의 명당으로 꼽힌다.

☞ 배산임수(背山臨水) : 산을 등지고 물을 바라보는 지세라는 뜻으로, 풍수지리설에서 주택이나 건물을 지을 때 가장 이상적으로 여기는 배치.

풍수지리설에 가장 이상적으로 여기는 배산임수 배치.

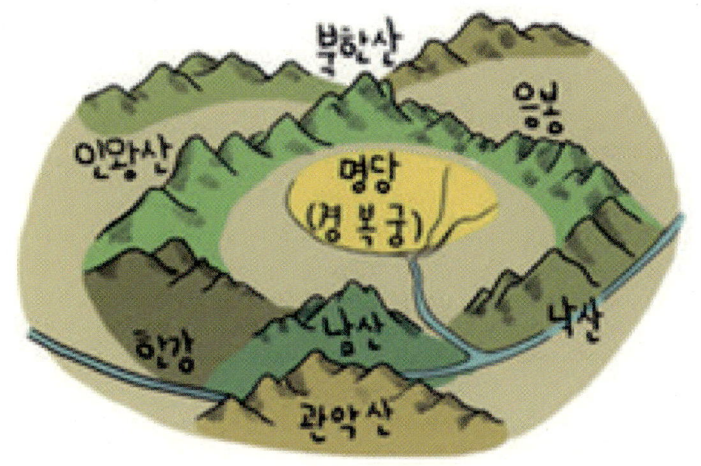

한양의 산세를 보면, 북악산을 주산(主山)으로 하여 낙산, 응봉, 인왕산, 남산이 둘러싸고 있으며, 청계천과 한강이 그 사이를 흐른다.

일반 민가에서도 풍수지리설에 근거를 둔 좋은 집터나 묘자리는 자손이 복을 받게 되고, 집안이 번성하여 부귀영화를 누린다고 해서 명당을 찾아 터를 썼다. 땅에는 신령스러운 영(靈)이 서려 있고 그 땅의 지기를 받고 태어난 사람이 큰 인물이 된다는 것이다.

명산 밑에서 큰 인물이 나온다는 말도 같은 맥락이었다. 오죽했으면 "면장이라도 하려면 논두렁 정기라도 받아야 한다"는 말이 나왔을까?

이러한 풍속은 현재까지 이어지고 있다. 많은 사람들이 고가를 지불해서라도 좋은 묘자리를 얻고자 한다.

심지어 아파트나 빌라, 전원주택, 별장 단지를 지어 분양하는 개발업자들도 아파트의 터가 풍수지리학적으로 명당이라고 주장한다. 현대에 이르러서도 풍수지리 마케팅이 먹혀들고 있다.

풍수지리 마케팅의 대상이 되는 주택들은 한눈에도 편안하고 아늑한 느낌을 주는 것이 특징이다.

전형적인 배산임수 마을.
배산 임수 지형에 입지한 촌락은 예전에는 겨울에 차가운 북서풍을 차단해 주는 배후의 산지가 있고,
산지로부터 연료 획득이 유리하다는 잇점이 있었다.

풍수지리를 도입해 이른바 명당터에 지어진 남한강변의 한옥단지.
굳이 설명을 하지 않더라도 편안하면서도 아늑한 느낌으로 다가온다.

풍수지리는 크게 두 가지로 나뉜다. '음택풍수'와 '양택풍수'가 그것이다.

▲ '음택풍수'(陰宅風水)는 죽은 사람이 거주하는 묘지 풍수를 가리킨다. ▲ '양택풍수'(陽宅風水)는 주택이나 마을과 같이 산 사람이 거주하는 자리를 선택하는 풍수이다. 그런데 음택 풍수는 단지 묘지 풍수만을 지칭하는 것은 아니다. 태를 묻는 태실 역시 음택 풍수에 속한다.

풍수지리학적 관점에서 왕릉과 태봉을 비교 분석해 본다.

1. 태봉의 '지리적 조건'은 왕릉과 달라

왕릉은 도성을 중심으로 100리 이내(약 40km), 즉 하루에 왕복할 수 있는 거리에 두도록 규정해서 대부분 서울 인근에 위치하고 있다.

그것은 왕궁에서 다녀오기 편하고, 능역을 관리하는 데 유리했기 때문이었다. 그도 그렇지만 임금이 며칠씩 궁궐을 비우면 역모가 발생할 수 있으므로, 하루에 궁궐로 돌아올 수 있는 거리 100리를 국법으로 정했다.

조선 왕릉의 분포 양상을 보면, 몇 개를 제외하면 대체로 한양에서 4~40km 거리에 분포했다. 물론 예외도 있어서 강원도 영월의 장릉과 개성에 있는 제릉과 후릉, 여주의 영녕릉은 80리 밖에 위치하고 있다.

또한 조선 왕릉은 도성의 북동쪽과 북서쪽에 집중되어 있다. 한강 너머의 남쪽에는 일부만 존재한다. 이는 한강이 도성의 접근로를 격리시키는 장애물이었기 때문이었다. 교통편이 발달하기 이전에는 임금이 한강을 건너 그 너머로 행차하기 불편했던 것이다.

신라 왕릉은 대체로 도성에서 반경 1~6km에 분포한다. 따라서 도성을 중심으로 한 조선 왕릉의 공간적 분포 범위는 신라 왕궁보다 광역화된 경향을 나타낸다.

상대적으로 중국 명나라와 청나라의 능은 조선 왕릉보다 도성에서 멀리 떨어져 일정한 구역에 모여 있다. 명의 13릉은 북경의 자금성에서 직선거리로 44km 거리다. 청도릉은 111km, 청서릉은 104km나 떨어져 입지하고 있다.

요컨대 조선 왕릉의 지리적 조건은 도성에서 4~40km 거리에 있어야 했다.

조선 왕릉에 비해 태봉은 거리 규정이 없었다. 명당이나 길지를 얻기 위해서는 전국 어디든지 머나먼 곳도 선정되었다.

특히 하삼도(下三道. 충청도 전라도 경상도)에 많이 분포되었다. 이는 남쪽을 길방(吉方)으로 여기는 우리 민족의 고정 관념에서 비롯된 것으로 보인다

태봉의 선정 절차를 살펴보면 태실증고사(胎室證考使)가 전국을 돌아다니며 태실 후보지를 조사한 뒤 추천했다.

우리나라 각지에는 '태봉'이라는 산과 '태봉'이라는 지명을 수도 없이 찾아볼 수 있다. 그곳을 찾아보면 십중팔구 태실이 있다.

전국에 조선 왕실의 태봉으로 알려져 있는 곳은 320여 곳에 이른다. 이중 주인공의 이름이 알려지거나 석물과 유물이 존재했음이 확인된 태봉은 147곳에 이른다.

태봉들을 살펴보면, 대부분이 계란 모양의 산형으로, 지표 높이가 약 50m에서 100m 정도의 야산이다. 그 정상에 왕가의 태가 안태되어 있고, 그 아래쪽에 재실이 위치한다.

그런데 왕릉과 태봉은 대부분 남향이다. 하지만 그 차이점은 왕릉은 산기슭에 입지하고 있으나, 태봉은 산 정상에 위치한다. (출처 : 박대윤 [조선시대 국왕태봉의 풍수적 특성 연구] 동방대학교대학원 박사학위 논문. 2010)

2. '왕릉의 명당'과 '태봉의 명당', 그 차이점은?

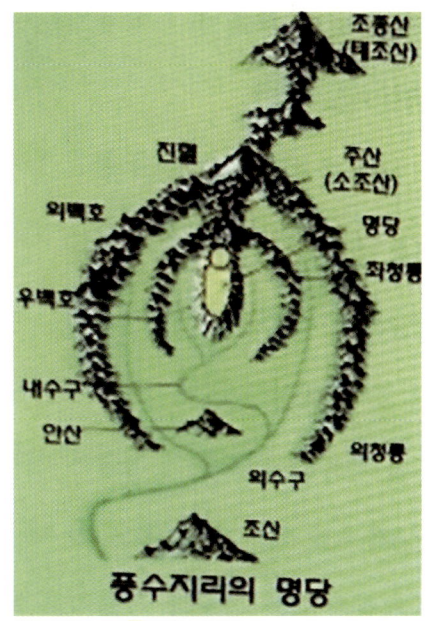
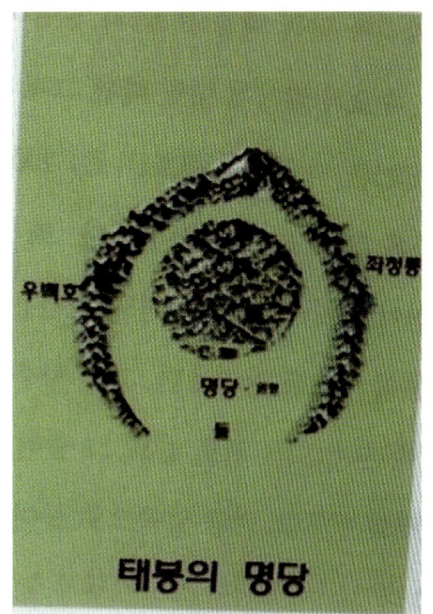

조선시대에는 어떤 입지에 조선 왕릉을 배치했을까? 풍수지리학적으로 뒤에 주산(主山)을 배경으로 좌청룡 우백호가 자리한다. 그 앞으로는 물이 흐른다. 그리고 안산이 그 앞에 존재한다.

일반적으로 도성에서 4~40km 거리에 있어야 했던 왕릉은 거리 안쪽에 배산임수(背山臨水)의 지형을 갖춘 비산비야(非山非野)의 땅을 능역으로 선정했다

☞ 비산비야(非山非野) : 산도 평야도 아닌 땅.

그 능역은 주산(主山)과 청룡 백호 안산의 사신사(四神砂)가 전후좌우에서 능역을 잘 감싸 안아주고, 앞으로는 물이 흐르는 산기슭이었다.

> ☞ 주산(主山) : 도읍, 집터, 무덤 따위의 뒤쪽에 있는 산.
> ☞ 안산(案山) : 풍수지리에서 집터나 묏자리의 맞은편에 있는 산.
> ☞ 조산(祖山) : 풍수지리에서 혈(穴)에서 가장 멀리 있는 용의 봉우리.
> ☞ 사신사(四神砂) : 풍수지리로 지세를 살필 때, 전후좌우에 있는 네 개의 산. 좌청룡(左靑龍), 우백호(右白虎), 전주작(前朱雀), 후현무(後玄武) 등 네 종류의 산을 말한다.

풍수지리 학자들은 태조가 묻혀 있는 건원릉을 조선 왕릉 가운데 최고의 명당으로 꼽는다. 건원릉은 주변이 훤히 내려다보이는 높은 지역인데도 아늑함을 느낄 수 있는 곳이다.

풍수학자들은 물론이고 명나라 사신들도 주변 자연환경과 잘 어우러진 건원릉을 보고 "어찌 이같은 하늘이 만든 땅이 있는가? 필시 인공으로 만든 산이로다." 하고 감탄했다는 기록이 남아 있다.

건원릉은 건릉(정조와 부인 효의왕후 김씨를 합장한 릉), 영릉(세종대왕과 소헌왕후 심씨의 합장릉)과 더불어 조선 왕릉 가운데 3대 명당으로 꼽힌다.

그런데 조선 왕릉은 어떻게 조성되었을까? 대표적인 예로 영릉을 만드는 데는 부역꾼 5,000여명과 장인 150명이 동원되었다. 이토록 많은 인원이 20일 동안 정성을 다하여 만든 영릉은 조선 초기 왕릉의 표본으로 통한다.

태조가 묻혀 있는 건원릉이 명당 가운데서도 최고의 명당으로 꼽힌다.
건원릉은 구리시 동구릉 내부에 있다.

정조와 부인 효의왕후 김씨를 합장한 건릉.
경기도 화성시 효행로에 있는 건릉은 건원릉, 영릉과 더불어 조선 왕릉 중에 3대 명당이다.

왕릉에 비해 태실지는 과연 어떤 곳일까?

능은 서울에서 편도 100리 이내에 한하는 규제가 있지만 태봉은 그런 규제 사항이 없었다.

또한 태봉의 명당 조건은 여느 명당의 조건과는 사뭇 달랐다.

먼저 조선 왕릉의 제도를 살펴보면, 고려 왕릉의 경우와 같이 배산임수로, 북쪽의 주산을 뒤로 업고, 그 중허리에 봉분을 이룩하며, 좌우에 청룡과 백호의 산세를 이루고, 왕릉 앞쪽으로 물이 흐르며, 남쪽으로 멀리 안산을 바라보는 것이 표준형이었다.

이렇게 왕릉은 전후좌우의 모든 산세와 강줄기의 흐름 상태까지 보는 것에 비하면 태봉의 경우는 극히 간단하다.

세종대왕과 소헌왕후 심씨의 합장릉인 여주 영릉.
경기도 여주시 능서면 왕대리에 있다. 건원릉, 건릉에 못지 않은 명당에 자리잡고 있다.

〈조선왕조실록(朝鮮王朝實錄)〉과 〈태봉등록(胎封謄錄)〉에 규정된 태봉의 조건은 다음과 같다.

> 첫째, 들 가운데에 위치한 높지 않은 둥근 봉우리를 선택한 뒤 그 정상에 태실을 만든다.
> 둘째, 무릇 태봉은 산정상에 내맥이 없는 곳이며, 용호(龍虎)로 비유되는 늠름한 산 2개를 마주보는 위치라야 한다.
>
> ☞ 용호(龍虎) : 풍수지리에서, 묏자리나 집터의 왼쪽과 오른쪽의 지형을 이르는 말.

태실로 정해진 명당들은 거의 대부분이 풍수지리학상 '돌혈(突穴)'에 속한다. '돌혈'이란 풍수지리학적으로 분류하는 네 가지 혈(穴. 유혈 겸혈 와혈 돌혈) 가운데 하나이다. '평지돌출(平地突出)'로 형성된 돌혈은 마치 무쇠 솥을 엎어놓은 형상, 혹은 바다 위에 거북이가 둥둥 떠 있는 형상이다.

충남 서산시 운산면 태봉리에 자리한 조선 13대 왕 명종의 태봉은 태봉으로서는 최적의 조건을 갖춘 곳이다. 땅이 반듯하고 우뚝 솟아 위로 하늘을 받치는 듯하다.

또한 강원도 양양군 강현면 하복리의 견성군 태봉, 충북 충주시 엄정면 괴동리에 있는 조선 20대 임금 경종의 태봉도 태봉이 갖춰야 할 이상적인 형태를 띠고 있다. 이 2개의 태봉은 태봉의 모범 답안 같은 형태다.

☞ 견성군 : 성종의 아들. 1491년(성종 22) 견성군에 봉해졌다.

땅이 반듯하고 우뚝 솟아 위로 하늘을 받치는 듯한 명종 태봉. 태봉으로서는 최적의 조건을 갖춘 곳이다. 풍수지리를 잘 모르는 사람들이 봐도 한눈에 명당 이라는 느낌을 준다. 충남 서산시 소재. 이 태실은 2018년 보물 제1976호로 지정됐다.

평지 돌출의 태봉 위에 자리잡은 명종의 태실

강원도 양양의 견성군 태봉.
'평지돌출(平地突出)'로 형성된 돌혈로 마치 무쇠 솥을 엎어놓은 형상이다.

충북 충주시 엄정면 괴동리에 있는 조선 20대 임금 경종의 태봉.
태봉이 갖춰야 할 이상적인 형태다.

평지에 우뚝 솟은 태봉 위에 자리잡은 경종의 태실.

안동에 있는 고려 충목왕의 태봉. 평지에서 위로 돌출해 있다.

고려시대에도 태봉을 선정하는 조건은 크게 다르지 않은 것으로 사료된다. 경북 영주에 있는 고려 29대 충목왕의 태봉도 조선시대의 태봉처럼 평지에서 하늘을 받치는 듯 우뚝 솟은 돌출형이다.

태봉의 조건에서 용호(龍虎)라는 조건을 다시 고찰해보면, 용은 상상의 영수로 왕자나 위인, 천자와 같은 위대하고 훌륭한 존재로 비유되었다. 호랑이는 백수의 왕으로 우리 옛 조상들은 산신령, 산군으로 호칭했다. 따라서 용호라는 표현은 세력이 비등한 두 강자를 의미하는 것이다.

즉, 여기에서는 힘차고 늠름한 좋은 2개의 산을 의미하는 것 같다. 집터나 묘 자리의 명당 조건에는 명당 앞뒤로 안산과 조산이 있다.

하지만 태봉은 이 앞 뒤 산을 생략하고, 좌우에 산세 좋은 두 산을 바라보는 위치라고 할 수 있다.

> 「땅이 반듯하고 우뚝 솟아 위로 공중을 받치는 듯하여야만 길지가 된다. 높고 고요한 곳을 가려서 태를 묻으면 수명이 길고 지혜가 있다. 안태서에 이르되, '태실은 마땅히 높고 정결한 곳이라야 한다.'」

이 인용에서 알 수 있듯 산 정상에 안태한다는 것은 '육안태지법'(六安胎之法)에서 유래된 것이지만, '용호(龍虎) 두개의 산을 마주 본다'는 조건은 우리나라의 착상으로 보인다.

어떻든 태봉은 높은 곳을 가려서 고요하고 정결한 곳에 왕가의 태를 모신 것으로 보인다.

태실이 산 정상에 위치하는 것은 '살아 있는 자'의 공간이었기 때문이었다. 이에 비해 왕릉은 '죽은 자의 공간'이라고 할 수 있다.

조선시대 태실 중에 최고의 명당에 자리잡은 경북 성주군 세종대왕자 태실.

생기가 응축된 산 봉우리에 안장해야 태실의 주인공에게 발복(發福)이 이루어진다고 믿었다. 우뚝 솟은 봉우리는 풍수지리학적인 관점에서 볼 때 생기가 계속 모이고, 지속되고 응축되는 곳이었다.

태봉의 선정에 있어서 청룡이나 백호는 중요시 여겼다. 그러나 주산(主山)이나 안산(安山)에 대해서는 별로 중요하게 여기지 않았다.

그것은 생기가 지속적으로 흐르는 봉우리 정상에 태를 모시기 때문에 앞에서 불어오는 바람으로부터 오는 해로움을 크게 우려하지 않았다고 할 수 있다.
안산은 그런 해로움을 막아주는 산이다.

조선시대 태실 중에 최고의 명당에 자리잡은 것은 경북 성주군 세종대왕자 태실이 꼽힌다. 이곳의 지세는 어머니 품에 포근히 안온하게 살아 숨 쉬고 있는 생명체의 공간을 형성한 것 같다. 또한 전면에는 태봉의 지맥이 더 이상 뻗어나가지 못하도록 지당(池塘, 인촌지)을 이룬다.

이곳 세종대왕자 태실은 '금계포란형'의 명당이다.

☞ 금계포란형(金鷄抱卵形) : 금닭이 알을 품고 있는 형상.
☞ 연화부수형(蓮花浮水形) : 호수 속에 봉긋 솟아올라 떠 있는 연꽃을 연상시킨다는 형상.

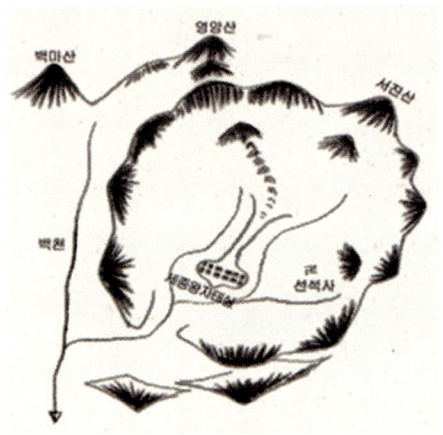

성주군 세종대왕자 태실의 개념도.

또한 세종대왕자 태실은 연화부수형(蓮花浮水形)의 명당이라고도 한다.

그 유명한 안동 하회마을이 '연화부수형'의 명당에 자리하고 있다. 2010년 8월 유네스코 세계문화유산으로 등재된 경북 안동시 풍천면 하회리 하회마을은 물 위에 떠 있는 연꽃 한송이처럼 보인다.

강원도 영월군 영월읍 조선 제22대 왕 정조의 태실 '금계포란형'(金鷄抱卵形)의 명당이다.

이곳 정양리에는 전설 같은 이야기가 전해진다. 어느 늙은 도승이 정양리를 지나면서 "이 마을에 있는 금계포란형(金鷄抱卵形) 명당을 찾아 집을 지으면, 부자가 되어 자손 대대로 큰 부를 누릴 것이다. 그 대신에 정양리 마을에는 뱀과 지네가 들어와서 폐허가 될 것이다."라고 예언하였다는 것이다.

그 말을 들은 이곳 사람들은 누구나 부자가 되고 싶지만, 마을이 폐허가 된다는 예언에 그 누구도 명당터를 탐낼 엄두도 내지 못했다고 한다.

안동시 하회마을은 '연화부수형'의 명당이라는 표현에 걸맞게 물 위에 떠 있는 연꽃 한송이처럼 보이는 것 같다.

그런데 1936년 조선총독부에서는 주민들의 완강한 반대에도 불구하고 정양리에다 화력발전소를 설치했다. 정조의 태실은 정양리에 있다가 지금은 이웃한 영흥리에 옮겨져 있다.

전북 완주군 구이면 태실리에 위치해 있던 예종의 태실도 '금계포란형'에 자리잡았다. 예종의 태실은 전북 전주시 완산구 풍남동 3가 경기전으로 옮겨갔다.

하늘에서 바라본 정조 태실. 한눈에 금계포란형(金鷄抱卵形) 명당에 자리잡았음을 알 수 있다.

위의 사진은 하늘에서 바라본 정조의 태실. 이 사진은 정조 태실 옆에서 아래를 내려다 본 것이다.

'금계포란형'의 명당에 자리잡은 마을도 여러 곳이 있다. 경북 봉화군 봉화읍 유곡리 닭실마을이 대표적인 금계포란형 명당이다. 안동 권씨의 집성촌인 닭실마을은 조선의 8대 길지로 꼽히고, 영남의 4대 명당 중에 하나로 꼽힌다. 그래서 6.25도 피해갔다는 것이다.

하늘에서 내려다본 봉화 닭실마을. 금닭이 알을 품고 있는 형상이라고 한다.

한편 왕릉과 태봉은 각각 왕릉으로서, 태봉으로서 권위적이면서도 정형적인 틀을 갖고 있다.

그러면서도 자연의 지세를 존중하고, 이에 순응하려는 동양적인 도교 사상과 한국인의 자연관에 의하여 자연과 조화하려는 조형술이 엿보인다.

왕릉도 태실도 자연을 중시하는 풍수지리설의 영향을 받아 자연 친화적인 아름다움이 뛰어나다. 봉분과 석물을 세우는 방식, 주변 석물들의 배치에서 독특한 아름다움을 갖고 있다. 단순하면서도 엄숙함이 느껴진다.

왕릉의 공간 구성은 '진입 공간 - 제례 공간 - 전이 공간 - 능침 공간'이라는 기본적인 공간 구조를 갖고 있다. 이 구조들은 신성함과 엄숙함을 강조하면서도 합리적이고 과학적인 토대 위에 마련됐다.

태실도 이런 토대 위에 설계되고 조성됐다. 한 예로 태실의 함신(函身)은 바닥 중앙에 원형의 구멍이 뚫려 있다. 풍수적으로 해석할 때 이 원형의 구멍은 반구형의 산 정상에 태실을 조성할 때 정상에 집중된 땅의 지기(地氣)를 흡수하기 위한 것이다. 또한 이 구멍은 배수구 역할을 했다.

석함 속에는 검은 숯이 깔렸다. 습기를 제거하는데다 배수가 되기 때문이었다.

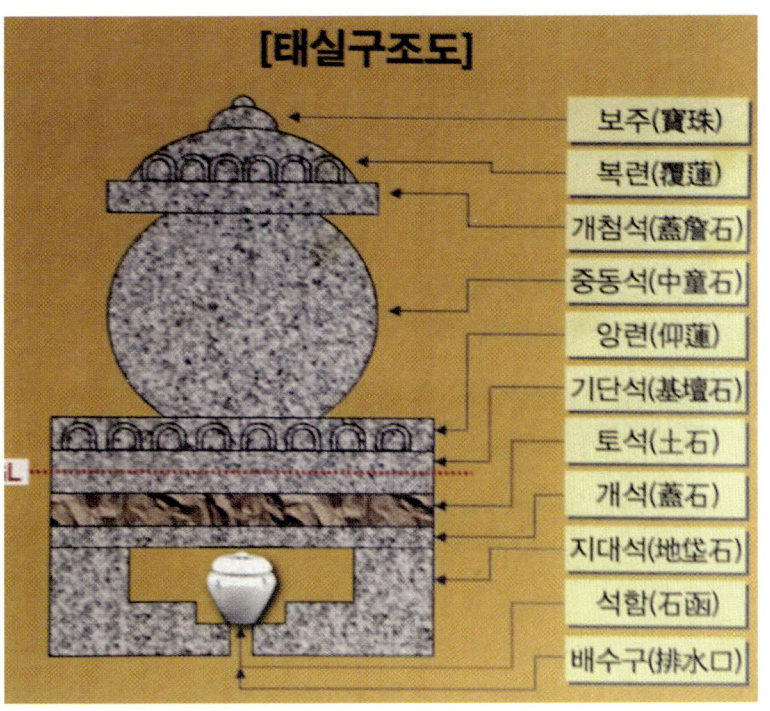

태실 구조도.
조선시대의 태실은 과학적으로 설계되었고, 부도와 흡사한 형태를 띠고 있다.

☞ 보주(寶珠) : 보배로운 구슬. 구슬 모양의 장식
☞ 복련(覆蓮) : 연꽃이 아래로 향한 것처럼 그린 모양. 또는 그런 무늬
☞ 개첨석(蓋簷石) : 중동석(中童石) 위에 놓여 지붕과 같은 역할을 하는 돌
☞ 중동석(中童石) : 탑의 가운데 부분에 쌓는 둥근 모양의 장식 돌
☞ 앙련(仰蓮) : 연꽃이 위로 향한 것처럼 그린 모양. 또는 그런 무늬
☞ 기단석(基壇石) : 기단(건축물의 기초가 되는 단)을 쌓는 돌
☞ 토석(土石) : 흙과 돌을 아울러 이르는 말
☞ 개석(蓋石) : 뚜껑으로 덮는 돌
☞ 지대석(地臺石) : 탑이나 건축물이 세워질 지면을 단단하게 다진 후에 놓는 돌.
　　　　　　　　 탑이나 건축물의 가장 아랫 부분.
☞ 석함(石函) : 돌함. 돌로 만든 함.
☞ 배수구(排水口) : 물을 빼내거나 물이 빠져나가는 곳.

태실 모형도. 군(君)과 대군(大君)의
태실 모형도다.
경북 성주군 '세종대왕자 태실' 내에 위치한
태실문화관에 설치돼 있다.

조선 왕릉의 구조도. '진입 공간-제례 공간-전이 공간-능침 공간'으로 이어진다.
신성함을 강조하면서도 합리적이고 과학적인 토대 위에 마련됐다.

풍수지리학자들이 손꼽는 천하 제일의 명당은?
- 대원군이 낙점한 예산 남연군 묘 -

　조선의 왕릉과 태실은 전국 방방곡곡의 명당에 자리잡았다. 그렇다면 명당 중에 최고의 명당은 어디일까?
　풍수지리학자들이 최고의 명당이라고 입을 모으는 곳은 왕릉도 아니고, 태실지도 아니다. 천하 제일의 명당은 구한말의 풍운아 흥선대원군의 아버지인 남연군 이구(李球)의 산소다. 낙점한 남연군묘다.
　'이곳이 바로 천하의 명당이다'

명당 중에 명당으로 손꼽히는 충청남도 예산군 덕산면 상가리 남연군묘.
충청도 덕산 땅에 대대손손 영화를 누릴 자리가 있고,
바로 위 가야골에는 2대에 걸쳐 왕이 나올 자리가 있다고 지관이 예언한 명당이다.

충청남도 기념물 제80호인 충남 예산군 덕산면 상가리 윗가야골 남연군묘에 가보면, 흥선대원군의 선견지명에 고개를 끄덕일 수 밖에 없다. 언덕 위에 대갓집 기둥 같은 비석을 앞세운 위풍당당한 묘지 하나가 비바람을 맞고 있는데, 풍수지리에 지식이 없는 이들도 '명당으로 치는 좋은 묘자리란 이런 데구나' 하는 생각이 든다.

이곳에는 좌우로 좌청룡 우백호의 산줄기가 연봉을 이루며 병풍처럼 펼쳐진다. 지세의 생김생김이 좌청룡 우백호의 모범답안 같다. 마치 만조백관들이 이 묘지를 향해 허리 굽혀 머리를 조아리는 형상이다.

왕을 배출한 자리여서 말 없는 봉우리들도 왕을 향해 예의를 갖췄다고 한다. 얼토당토않게 들리지 않는 설명이다.

뒤편으로 가야산 서편 봉우리에 두 바위가 문기둥처럼 서 있는 석문봉이 주산(主山)이 되고, 오른쪽으로 옥양봉과 만경봉이 덕산을 거치면서 30리에 걸쳐 용머리에서 멎는 지세가 청룡이 된다. 왼쪽으로는 백호 지세가 가사봉, 가영봉을 지나 원화봉으로 이어지고, 맥이 금청산 원봉을 감싼다.

야산에 동그마니 놓인 이 묘역으로 주말이면 전국에서 나들이 인파가 줄지어 모여든다. 여행객들은 가족을 동반한 경우가 대부분이다. 교과서에서 읽은 좌청룡이 무엇인지, 우백호가 무엇인지 두 눈으로 확인해보고 싶은 욕구이리라.

조선시대 말기 정권을 잡았던 흥선 대원군.
남연군 묘가 도굴되는 사건이 발생해 흥선대원군의 쇄국양이 정책을 더욱 강화하는 계기가 되었다.

그렇다면 풍수지리학자들이 손꼽는 두 번째 천하의 명당은 어디일까? 조선 영조 때 효령대군의 후손인 이내번이 족제비 떼를 쫓다가 우연히 발견했다는 강원도 강릉시 운정동 선교장이 그곳이다. 이내번이 이곳 명당 자리에 집을 지은 후, 후손이 지금도 살고 있다. 총건평 318평으로, 긴 행랑에 둘러싸인 안채, 사랑채, 동별당, 가묘 등이 정연하게 남아있다.

한편 대원군이 낙점한 예산 남연군묘에는 영화처럼 드라마틱한 이야기가 전해져 내려온다.

고종의 아버지인 흥선대원군은 고종이 왕위에 오르기 전에는 이렇다 하게

풍수지리학자들이 두 번째로 손꼽는 명당터에 자리잡은 강릉 선교장

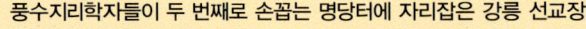

할 일이 없는 건달이었다. 천하의 건달 이하응에게 어느날 한 지관이 말하기를 "충청도 덕산 땅에 대대손손 영화를 누릴 자리가 있고, 바로 위 가야골에는 2대에 걸쳐 왕이 나올 자리가 있다"고 귀띔했다. 당시 조정을 떡 주무르듯 하던 안동 김씨 일파들에게 갖은 수모를 겪으며 술로 세월을 보내던 흥선대원군 이하응은 귀가 번쩍 뜨였다.

후자를 택한 흥선대원군은 이곳에 있던 가야사를 사들인 뒤 한 치의 망설임도 없이 불태우고, 탑을 부순 뒤 경기도 연천에 있던 부친의 묘지를 파서 이곳에 옮겨왔다. 그리고 인근 골짜기에 절을 지어 보덕사라 이름 짓고, 개운

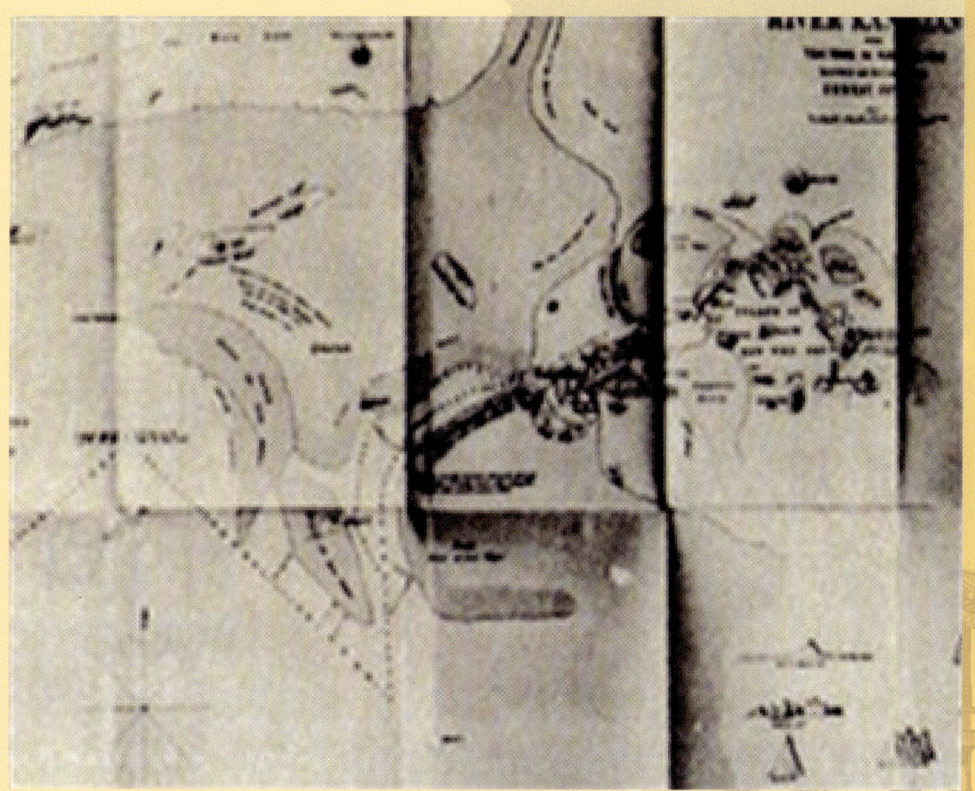

남연군 묘를 도굴한 독일인 E.J.오페르트가 작성한 한강 유역의 지도.

사 주지인 도문(道文)을 초대 주지로 삼은 후에 '남연군묘 수호일품대승'(守護一品大僧)이라는 직책을 내려 묘를 돌보게 하였다.

그로부터 7년 후 차남 재황(載晃)을 얻었다. 그 아들이 곧 철종의 뒤를 이어 12세에 왕위에 오르니, 바로 고종이다.

흥선대원군은 조상의 묘를 잘 쓴 덕분인지 나라를 마음껏 휘두를 수 있는 권세를 한 손에 쥐었다. 이어 고종의 아들 순종이 즉위했으니. 2대에 걸쳐 왕이 나올 자리라는 말이 들어맞았다. 그야말로 당대발복(當代發福)이었다. 조상을 명당에 모셔 권세와 부귀를 누린 것일까.

하지만 이 천하의 명당도 통상을 요구하던 독일 상인 오페르토로부터 파헤쳐지는 수모를 당했다. 1868년 오페르트는 1866년 3월과 8월 두 차례에 걸친 조선과의 통상 교섭에 실패한 뒤 대원군과 통상 문제를 흥정하기 위해 이남연묘의 시체와 부장품을 도굴하려다 미수에 그쳤다.

당시 오페르토는 미국인 젠킨스를 자본주로, 프랑스 선교사 훼론을 통역관으로 삼아 백인 8명, 말레이지아인 20명 등 약 100여명을 무장시켜 이 천하의 명당을 도굴하러왔다. 러시아 병사라고 칭하고, 남연군의 무덤을 훼손했다.

이 사건으로 대외적으로는 서양인의 위신이 크게 떨어졌고, 크게 노한 대원군은 통상 거부 정책을 강화했다.

연산군의 '금표비'를 아십니까?
- '하마비'도 일종의 '금표비'였다. -

　임금의 태실 앞에는 금표비(禁標碑)를 세웠다. 태실을 보호하기 위해 민간인 통제구역을 설정하여 그 경계의 요소요소에 금표비를 세웠다.
　금표비는 태실을 중심으로 사방에 세워졌다. 태봉 면적의 기준은 신분에 따라 삼등급으로 구분한 태봉 제도에 의해 정해졌다. 왕은 300보, 대군, 공주는 200보, 왕자, 옹주는 100보로 규정했다.

영화 '왕의 남자'에서 연산군과 신하들이 사냥터를 누비고 있다.
연산군은 전용 사냥터에 타인의 출입을 엄중 경고하는 금표비를 세웠다.

금표 지역은 말하자면 태실 수호를 위한 울타리인 셈이다. 100보, 200보, 300보 등 보수 제한은 세종 8년부터 시작됐다. 이런 금표비는 임금을 모신 곳이니 일반인은 접근하면 안된다는 의미다.

그런데 한국영화의 걸작 '왕의 남자'(감독 이준익))를 보면, 연산군이 사냥하는 장면이 나온다. 손에 화살을 든 연산군(정진영)이 광대 공길이(이준기), 그리고 신하들과 함께 말을 타고 사냥터를 내닫는다.

이곳에 들어오는 자는 지위고하를 막론하고 목을 치리라고 새긴 연산군 금표비.
연산군의 폭정을 그대로 말해준다.

폭군 연산군(1494~1506)은 어디서 사냥을 했을까?

경기도 고양시 덕양구 대자동 간촌 마을에 있는 금천군의 묘 입구에는 독특한 금표비가 서 있다. 이곳 금표비는 연산군이 자신의 유흥지에 일반인의 출입을 금하기 위해 세운 비이다. 이 일대가 바로 연산군의 사냥터였던 것이다.

경기도문화재자료 제88호로 지정된 이 석비는 금천군의 묘역을 보수할 때 출토됐다. 상단과 하단의 왼쪽 일부가 떨어져 있으며, 땅속에 오랫동안 묻혀 있어서 황토빛이 뚜렷이 남아 있다. 높이 147㎝, 가로 55㎝, 두께 23㎝. 비 앞면에는 '금표내범입자 논기훼제서율처참'(禁標內犯入者論棄毀制書律處斬)이라고 새겨져 있다. '금표비 내를 침범하는 자는 지위고하를 막론하고 목을 치리라는 내용이다.

1504년 고양군은 왕의 유흥지가 되었다가 1506년 중종반정 이후 다시 고양군으로 복귀됐다.

그런가 하면 충주시 엄정면 괴동리 태봉에 위치한 조선의 제20대 왕 경종의 태실로 올라가는 계단 입구에는 '하마(下馬)라고 쓰인 독특한 비석이 세워져 있다.

하마(下馬))? 말 그대로 말에서 내리라는 뜻이다. 하마비도 일종의 금표비였다. 하마비 근처를 지나는 사람은 계급의 상하를 막론하고, 말에서 내려 경의를 표하게 하였다. 왕이나 장군, 고관, 성현들의 출생지나 무덤 앞에 이들에 대한 존경심의 표시로 세워놓은 것이다. 임금의 태실

충주의 경종 태실 앞에 있는 하마비.
하마(下馬)라는 뚜렷하고 큰 글씨가 말에서 내리라고 준엄하게 명령하는 듯하다.

앞에도 건립된 것은 물론이다.

경종 태실의 하마비는 비신의 크기가 80×45×14cm이며, 대석은 36×77×17cm의 크기로 재질은 화강암이다.

하마비는 1413년(태종 13) 처음으로 예조에서 건의하여 왕의 허가를 받아 나무로 만든 표목(標木)을 세웠다고 전해진다. 표목 전면에는 '下馬' 또는 '大小官吏過此者皆下馬'(대소 관리로서 이곳을 지나가는 자는 모두 말에서 내리라)고 쓰여 있다. 뒷면에는 하마비를 세운 연월일시(年月日時)가 적혀 있다. 물론 그 이전에도 하마비와 유사한 제도가 충분히 있었을 수 있다.

하마비는 강원도 강릉시 교2동 강릉향교 앞, 충남 계룡시 신도안면 용동리 단군전 앞, 경남 진주시 옥봉동 진주향교 입구, 경북 경주시 강동면 유금리 동강서원 앞, 경기도 용인시 수지구 상현동 심곡서원 앞, 경기도 용인시 처인구 모현면 능원리 정몽주묘 앞 등 전국 곳곳에 남아 있다.

그런가 하면 현재의 서울시 용산구 효창동에는 하마비동이 있었다. 효창원에 참배하러 오는 사람들에게 말에서 내리는 곳을 알리는 하마비가 있던 데서 유래된 지명이다. 효창원은 정조의 장남 문효세자의 묘원으로 효창묘(孝昌墓)라 불렸다.

현재의 강서구 가양동에도 하마비 마을이 있었다. 하마비가 있던 데서 마을 이름이 유래되었다.

강원도 회양군 회양읍에는 하마비라는 거리가 있다. 역시 옛날 하마비가 있었던 데서 지명이 유래된 것이다.

- 제 7 장 -
조선은 기록의 나라, 보물 1901-11호로 지정된
'영조태실가봉의(英祖胎室加封儀)'를
통해 바라본 조선 왕들의 태실 가봉.

제 7 장 – 조선은 기록의 나라, 보물 1901-11호로 지정된 '영조태실가봉의(英祖胎室加封儀)'를 통해 바라본 조선 왕들의 태실 가봉.

조선왕조의궤 중에 하나인 '영조대왕태실석난간조배의궤'(英祖大王胎室石欄干造排儀軌)가 2016년 6월〈보물 1901-11호〉로 지정됐다.

청주고인쇄박물관에 보관중인 이 의궤는 청주시 상당구 낭성면 무성리에 있는 조선 영조의 태실에 조형물 등을 설치하게 된 경위와 과정, 의식 절차 등을 적은 필사본의 의궤다.

2007년 6월 조선왕조의궤가 세계기록유산으로 등재된 후 국가지정 문화재 지정의 필요성이 대두되면서 보물 지정이 추진됐다.

이 의궤를 보면 영조의 태는 숙종 20년(1694) 9월 26일에 관상감에서 올린 글에 따라 1등 태봉인 무성리 태봉산을 선정됐다. 이어 다음 해 9월 28일 진시(辰時)에 태를 안장했다.

이 의궤에 따르면 영조 태실의 가봉(加封)은 승군(僧軍) 석수(石手), 부역꾼 등 연 4천5백여명이 동원된 대역사(大役事)였다.

본래는 왕이 즉위한 직후 석조물로 고쳐 다시 조성해야 하지만, 영조 태실은 청주 지방에서 일어난 '이인좌의 난'과 거듭된 가뭄 등으로 하지 못했다. 이후 영조 5년(1729)에야 태실 주변을 다시 석조물로 치장했다.

의궤에는 자세한 조성 경위가 적혀 있다. 지방별로 동원된 인원수, 수요 물자의 내용 등이 상세하게 기록돼 있다.

【 '보물 1901-11호'로 지정된 영조태실가 봉의궤의 표지 】

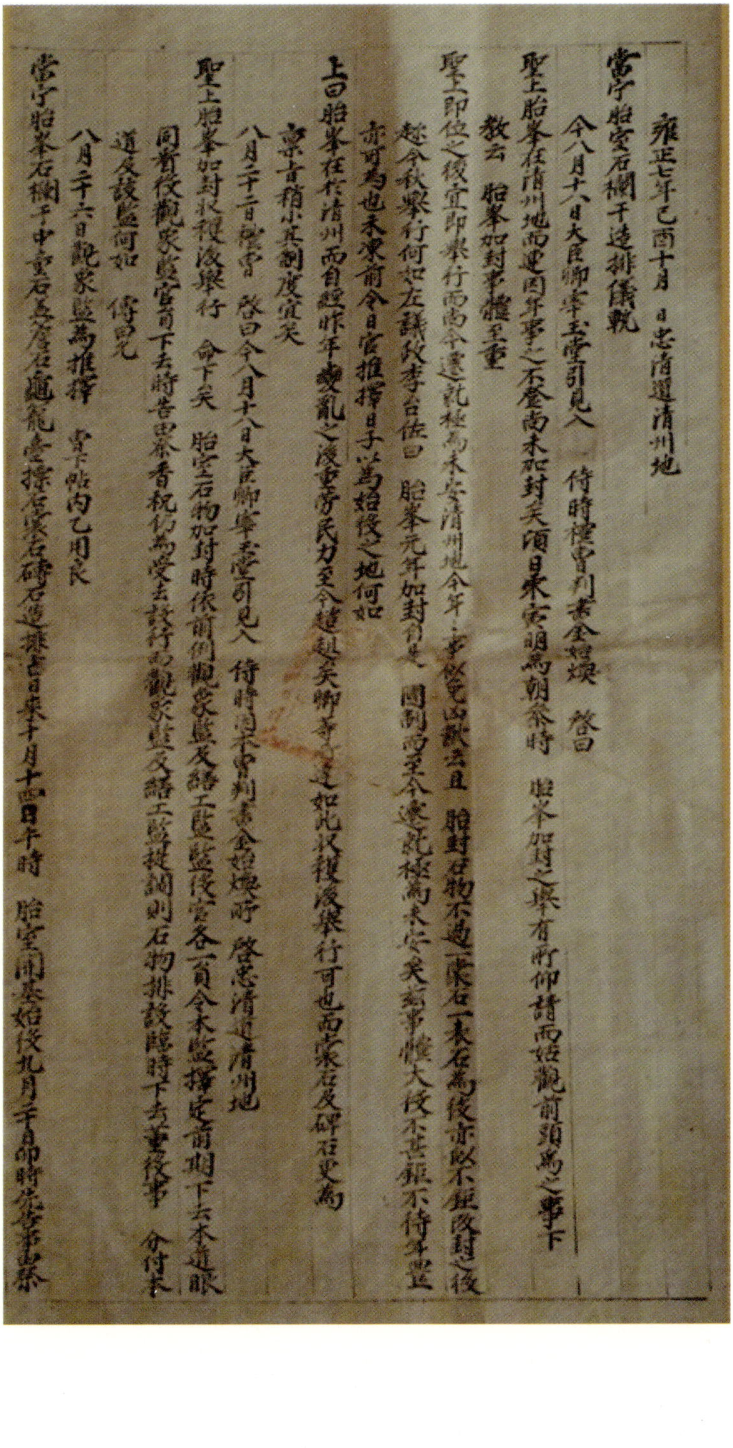

雍正七年己酉十月　日忠淸道淸州地
當宁胎室石欄干造排儀軌

今八月十六日大臣卿宰玉堂引見入侍時禮曹判書金始煥啓曰
聖上胎峯在淸州地而此因年事之不登南未乃封矣頃見未安朝叅時
敎云　胎峯如對事體至重
聖上卽位之後宜卽擧行而南令遠就極爲未安淸州地今年農事似已出歉雲且　胎封石物不過一隻石一衺石爲役亦以不甚鉅役之後
赤可爲也未衆前令日宜推擇日子爲始後之地何如
上曰胎峯在於淸州而自經昨年歉亂之後秀民力至今建越矣卿等之達如此秋穫後擧行可也西蒙石及碑石史爲
稟言稍小其制度宜矣
八月二十日禮曹　啓曰今八月十八日大臣卿宰玉堂引見入侍時過禮曹判書金始煥　啓忠淸道淸州地
聖上胎峯如對狀擇後擧行　命下矣　胎室石物如對時依前例觀象監後當各一員令木監提調前則下去不待本監
同眷候觀象監堂官前下去時吾來看祝伤爲愛去設行如觀象監及語工監提調則石物擇設臨時下去無碍事　介付去
道及護監何如　傳曰允
當宁胎峯石欄干中宣石爲啓在通龍處擇官蒙石碑石造排吉日來十月十四日午時　胎室開基始役九月千子卯時堂條事出祭
八月二十六日觀衆監爲推擇　當下帖內乙用良

晬肇行寺居卞榮同日卯時諸臣乞茶時敎行寺物種後九月十二日午時爲始推擇擧遷事　啓目輸運擇定差員來問前
當字胎室石物加封吉日乙良依勝其還行何如　雍正七年八月二十七日都承旨臣趙顯命次知　啓依允
今八月二十九日大臣備局堂上引見入　侍時禮曹判書金始煥所　啓以淸州　胎峯加封事前已擇出有儀軌謄
矣來有改碑石稍減其體制之意筵禀未及　傳敎
聖上儉德及此臣等欽仰贊誦之不暇何敢更有所違而念
聖胎所封事體至重下爲德爲下無憾之計而當務從堅實前使之輕且薄實爲未安雖已奉承　傳更爲　下詢于大臣何庭
之何如左議政李台佐曰今番稍減其制明知此爲民除弊則臣等猶可仰體
聖上節儉之德以徐民間一分之弊而茅念一尺之石減去其半則要致　朝體制使之輕且薄實爲未安雖已奉承　傳更爲　下詢于大臣何庭
輕重何足爲省弊之道乎　聞體所關不容如是減前臣等亦如鈞咨徐座可爲省弊之道配此則未免太簡在減二寸則減與不減無甚
聖敎雖如此若不足爲除弊之道而
聖胎兩封書體定爲又何可減　體度乎今姑爐置姑封定式一兩月起後仍以一百名爲限至於成在寒前道而二千名今此字石處始未知道里
之相距幾何而郎廳率匠手下去看審後可知難易監役朴龍秀處來見臣而爲人勁勢豈非幹事俊民時吾着弊仰體
聖敎之意多敦酬酌而道臣處亦當以此申飭至於石樣體制決不可減少矣
上曰胎缸置地上而以石蓋之則其石猶可懼大而此則埋缸實在爲標堂有好減不費之理予嘗在
先朝以摩陵石物削度之儒好　特敎依此爲削而矢石物事體固重兩簡減而小之況比　胎室峯標于王子胎峯惟爲國家而今則王體爲
別敎　特許加封而石體多少則何關事體早等減三分之一則諸石多少輕重此減少聖敎之餘似爲差勝金始煥曰
先朝以摩陵石物削度之儒好　特許加封商石體其石體多少則何關事體早等減三分之

一
聖教雖如此至減三分之一則事體終爲未安矣
上曰予華家汝浮言耳達爲好在於近處稍有可用之石取用無甚弊亦取極近之石予已當以省民力爲事矣今諸煙回以事數言之則
大王胎峯禁標步數三百步 壬子則爲二百步矣
上曰遠此步數盖爲禁火而二百五十步亦且不小況三百步乎左相曰凡事不該爲世而今者以三百步爲限則揆大君壬子胎峯何以分別乎今此石物
聖敎實往在有弊此則稍損其側以遵俗減爲浮淺中筋監後可以善處而至於步數則自有定制一限決不可減縮
上曰予意則大君壬子三百步之規欲爲減損故有此
太宗下 教臣等不勝欽仰西至於步數則二百不甚不至達且聞德壽殿啓覆三百步爲限矣右相曰石物對樣則
減削之 敎待德松
爲照撤事分付可也事 啓下 敎是置
當寧胎室已爲封 胎爲有等以石物令秋加封事奉承 傳擇日擧行亦分付道守良監使爲旀
八月二十九日觀家監爲牒報事
十月初四日午時 胎室開基來九月二十日卯時先破西方石物胎後九月十一日子時爲等如推擇去依例 啓下 傳本道及各該邑良中
預光知委九月十一日始役及良工匠軍人雜物機械等 胎室叶無遺遺排俾無臨時窘迫之弊爲旀 報禮曺
當寧胎室忠淸道淸州地己爲封 胎有等以石物令秋加封事奉承 傳擇行亦分付道守良監使緣 傳育官觀察監訓導守朴尚黎及繕
工監官員一員並爲移文更實監使官差出 啓下以爲此諸具膚辣來九月十二日石物始役及良慮速擧行之意捧甘辭是乎謀本當捷

日六十月十而六時 胎室開基九月二十日卯時始後九月二十一日未時為乎如推擇為良探軍人雜物依例
知委九月十七日石物始後時及良工匠雜物軍人機械等 胎室所為道路排俊無曠時官定之際至玄事據啓 啓下後本道各該司是白有赤同前
常字胎室石物造排所入雑物工匠乙良依所報今本道各該司越印役行事移文知委何如 雍正七年九月初一日右副承旨臣權㰌經次知
啓依允敎事是去有等以 啓下內辭意奉審舉行為乎矣到付日時移文向事關建置亦牧使耆定為去乎關內
事縁都 相考者實樂行便無未盡至事之惠為旅各樣雜物兮念乎等其中藏物則未泊後輸納事發關分付令乎矣藏物淩錄為乎旀
差使員實亦卽移文各邑催促擇上餫無未盡至事乙縣為旅雜物段置亦卽移文各邑嚴飾施行為乎矣分揀通各
別物念同栽聚行為旅形止迨速縢報為旀退速之地向事
渡
清州役軍每日二百名式五日赴役 石灰四石 小參同五簡重柒斤 毛釘三十箇重各二斤 斧子西箇 大鎦二簡長各二尺 小鐄七箇 佐
耳鍮簡 添鐵五十斤 冶灰五石 手十名 擣鍊紙一卷 紅朱次細苧乙金頭釘鐵 漆楠子眞鎮 宅石二百之 太小帳幕 爐冶匠名
大小氣麻注乙各三邑里 柳箇二部 公筆下紙筆墨 香案 監後三員入接假家 滷寬排設諸具 雜物入置庫閣 建長木頭梵等人座
葛竇 書吉木隨其挾人 大雪馬三部 小雪馬三部 僧軍墨二名 食井沙鉢 甘同二石 炊飯僧 僧飛署罰 為員 書標官義時就 排地羅世簡參
監後官二員忠州役軍每日二百名式五日赴役 石灰四石 中參同五簡重叁各二斤 毛釘二十簡重六 文書諸道驛丁夋浮石所 胎室運束邑處人参
人馬修啇次 行及文書執吏庫眞使令鍮钅玖子諸邑工匠等自九月十一日至十六日支供時急
三尺 澤下赤豆簡粟各一斤半 大釘三箇 剝刀五箇 溱鐵五十斤 石手十名 京涇紙七束 書標官泰時官監後官二員 行及文書執
吏庫眞使令鍮鋖钅玖子諸邑工匠等自九月二十五日至二十七日文供次 大雪馬二部 僧軍甲名 確磴石 告青簡 運出僧軍二十名 小蔓簡

영조의 어진. 110×68㎝, 보물 제932호, 국립고궁박물관 소장.
영조의 51세 초상화다.
1900년 창덕궁 선원전에 모셔져 있던 〈영조 어진〉을 화재로 잃자, 조석진과 채용신 등의 화가들이 새로 그렸다.

영잉군 시절의 영조. 20세 때의 모습이다.

1. 정조와 함께 조선의 중흥기를 이끈 최장수 임금 영조
　　- 사도세자의 죽음을 참회하기도.

　조선 21대 왕 영조(英祖, 1694~1776)는 조선 왕조의 역대 왕 중 가장 재위 기간이 길고, 각 방면에서 업적을 많이 남겼다.

　1724년부터 1776년까지 52년간 왕위를 지켰던 그는 손자 정조와 함께 18세기 조선의 중흥기를 이끌고, 탕평책을 통해 두로 인재를 등용해 붕당 간의 경쟁을 완화했다. 그리고 어느 왕보다도 민생을 위한 정치를 펴나가 조선의 몇 안되는 성군으로 평가받는다.

　영조는 숙종의 세 아들(경종, 영조, 연령군) 중 둘째이며, 어머니는 무수리 출신인 화경숙빈 최씨이다. 어머니의 출신이 미천했던 관계로 오랫 동안 출생의 콤플렉스에 시달렸다.

　영조는 몸이 허약한 형 경종의 뒤를 이어 즉위했다. 후궁 소생이라서 소론 측에서는 즉위를 반대했다. 다행히 노론의 지원으로 왕위를 계승했다.

　노론과 소론 사이의 치열한 정쟁 속에 즉위한 영조는 붕당의 대립 자체를 완화하고 해소하는 것을 왕정의 큰 과제로 삼았다. 노론의 도움으로 왕좌를 차지했지만, 영조는 왕권을 강화하고 정국을 안정시키기 위해서는 붕당의 갈등을 완화, 해소해 가야 한다고 생각했다.

　아무리 영조가 탕평책을 쓴다 할지라도 어쩔 수 없이 노론 위주로 돌아가는 정치 상황은 중앙 정계에서 소외된 소론층의 불만을 샀다.

　그런데 문제는 왕세자(사도세자)였다. 당시 영조를 대신해 대리청정하고 있던 사도세자는 노론과 갈등을 빚었다. 노론은 소론에 대해 어느 정도 동정적인 세자의 태도에 앞날이 불안해졌다. 세자가 왕위를 이을 경우 자신들에게 혹시나 돌아올지 모를 불이익에 대해 고민하기 시작했다.

사도세자의 태도 또한 문제가 있었다. 소론은 세자에게 줄을 섬으로써 아버지 영조와 아들 사도세자 간에는 묘한 정치적 긴장감이 형성됐다.

이러한 갈등 속에서 1762년 '임오참변'(壬午禍變, 사도세자를 뒤주에 가두어 죽게 만든 사건)이 발생했다.

그후 영조는 뒤늦게 이를 후회하고, 세자에게 사도라는 시호를 내렸다. 노론들의 방해에도 불구하고 끝내 왕위를 사도세자의 큰 아들 정조에게 물려줌으로써

영조와 사도세자의 갈등이 이야기의 중심축을 이루는 영화 '사도'

아버지 영조와 갈등을 빚다가 뒤주에 가두어 죽은 사도세자의 영정

마음을 달랬다. 사도세자는 아들 정조가 즉위한 뒤 장헌세자로 추존됐다. 이후 1899년 (광무3)에는 장조로 추존되었다

영화 '사도'에서 사도세자 역을 맡아 열연한 영화배우 유아인.

영조는 학문을 즐겨 스스로 서적을 저술했다. 뿐만 아니라 조선왕조 임금 중 경연(經筵. 임금이 신하들과 유교의 경서와 역사를 공부하는 자리)을 가장 부지런히 한 임금이다.

왕이 중심이 되는 탕탕평평의 왕도 정치를 펼치려면 임금이 신하들보다 한수 위가 되어야 한다고 생각한 영조는 공부와 강론을 게을리 하지 않았다. 영조는 스스로 사치를 경계하였고, 많은 개혁조치를 단행해갔다.

영조는 또 균역법을 시행해 군역에 대신해 바치던 납포의 양을 1필씩 감하여 백성들의 부담을 경감시켰다. 잔인한 형벌제도도 고치고, 양반들이 사적으로 백성들을 징계하는 것을 금지했다. 뿐만 아니라 〈속대전〉을 편찬하여 〈경국대전〉 이

후 변화한 세상에 뒤떨어진 법률을 재정비했다.

영조 대에 마련된 안정을 바탕으로 손자 정조는 더욱 큰 선정을 베풀 수 있게 되었다.

2. 영조 태실의 가봉과 실태

주인공이 왕으로 등극한 태실은 왕자 왕녀와는 달리 태실의 외형이 상당히 화려해진다. 외형을 화려하면서도 웅장하고 멋스럽게 재조성하는 것을 가봉(加封)이라고 한다.

태실의 가봉은 역대 왕이 등극하는 시기에 조성됐다. 짧은 재위 기간을 갖고 있는 왕들과 사망한 뒤 왕으로 추존되는 분들의 태실은 후왕에 의해 설치되는 경우도 있었다.

태실을 가봉할 때는 기존 왕자의 태실 외곽에 난간석(欄干石)을 돌리고, 1보 가량 떨어진 곳에 귀부(龜趺)와 이수(螭首), 비신(碑身)을 갖춘 가봉비(加封碑)를 세웠다.

이것은 지하에 매장된 태실에 대한 가봉이 아니라 지상에 석물을 더하는 것이기 때문에 지하 석실은 변동이 없었다.

가봉 태실의 외형은 일반적으로 사찰에 조성돼 있는 부도의 외형과 비슷하다. 그리고 왕릉에 조성된 석물과 태실의 석물은 유사점이 있다.

영조 5년(1729)에 가봉된 영조 태실은 일제강점기에 태항아리만 꺼내어 경기도 고양시 서삼릉으로 옮겨진 뒤 크게 훼손 당했다. 현재 태항아리는 국립고궁박물관에 보관돼 있다.

귀부(龜趺)와 이수(螭首), 비신의 개념도.

복원된 영조 태실. 태실 앞에는 거북돌 위에 비신을 세운 태실비가 남아 있다.
이 영조 태실에는 나라에서 8명의 수호군을 두어 관리했다.

일제강점기에 태실에서 꺼내 경기도 고양시 서삼릉으로 옮겨진 영조 태항아리. 국립고궁박물관에 보관돼 있다.

영조 태실에서 출토된 태함

경기도 고양시 서삼릉의 영조 태실

경기도 구리시 인창동 산8-2번지 동구릉 내에 있는 원릉.
영조와 계비 정순왕후 김씨의 무덤이다.

3. 영조태실가봉의

1) 개괄적 내용

영조의 태실가봉의궤는 영조의 태봉에 관한 가장 자세한 기록이다. 때문에 영조태실의 연구에 있어서 어떤 자료보다도 귀중한 사료로 평가된다.

특기할 점은 이 태실은 영조 2년에 만들어진 경종의 태실에서 본받은 것이 아니라 공주의 숙종 태실을 본따서 만들었다는 것이다.

〈九月初一日, "標石前後面書塡 一依肅廟朝擧行向事"〉

9월 초 1일 "표석의 전후면을 써서 넣되 한결같이 숙묘조 때의 일에 의거해서 거행할 지어다"

〈九月十二日 "胎室加封所兼監役官爲牒報事 今次聖上胎室加封 今九月初四日辭朝 爲香祝下去 傳香于公山縣 與繕工監役 乃進肅廟朝胎室舊制 奉審石物尺量後 今月十一日到淸州地"〉

9월 12일 "태실을 중수하는 곳에서 감역관과 보고의 일을 겸하게 되어 이번 성상(聖上)의 태실을 중수함에 9월 초 4일에 전하에게 하직을 하고, 향과 축문을 받아 향축을 공주현에 전달하고, 성공감역과 더불어 숙묘조의 태실로 가서 옛 제도를 살펴보고, 석물을 척량한 뒤 이번 달 11일에 청주에 도착하였다."

충남 공주의 숙종 태실. 공주에서 멀리 떨어지지 않은 청주의 영조 태실은 이 태실을 본받아 조성됐다.

비는 청주와 근적한 충주의 경종대왕 태실과 같이 준비와 조발의 예를 따르고, 석물의 제도는 공주의 숙종 태실을 재서 본받고 있음을 알 수 있다.

이 의궤를 통하여 가봉의 일정을 보면 다음과 같다.

1729년(영조 5년)

8월 18일　예조판서 김시환이 얼마 전 송인명이 청주 태실의 가봉을 요구하고,
　　　　　이때 이태좌(좌의정)가 가세하자, 영조는 가을에 수확한 후 하자고 하였다.
8월 22일　관상감(천문 지리 등 담당)과 선공감(토목 영선 등 담당)에서
　　　　　먼저 한사람씩 현지에 내려가 준비하도록 하였다.
8월 26일　관상감에서 역(役)의 일자를 추천해서 선택하였다.
　　　　　선택된 날짜는 다음과 같다.
　　　　　석물 시역(石物始役) - 9월 11일 오시(午時)
　　　　　개토시역(開土始役) - 9월 20일 묘시(卯時)
　　　　　조배일(造排日) - 10월 14일 오시(午時)
8월 29일　정의(廷議)가 열려 제도(制度)와 역군(役軍) 등을 상의하였다.
　　　　　9월 4일 전향관이 출발하기로 하였다.
9월 1일　 10월 5일 표석서사관(標石書寫官)은 하송(下送)하기로 하고,

표석의 형식과 내용을 숙종 때의 일에 의거하여 거행하기로 하였다.
9월 12일 숙종대왕의 태실을 찾아 제도를 살펴보고, 석물을 측량하여 11일에
         청주에 도착. 석재의 부출(浮出)은 동면 상현암리에서 하기로 보고하였다.
9월 15일 석조물을 초벌 손질하여 25일 태실지로 운반할 예정이며,
         비석은 26일에 운반하여 연마할 것을 감역관에게 보고하였다.
10월 9일 비석을 연마한 뒤 7일에 시작한 각자를 마쳤다.
10월 14일 오시에 중동석 및 개첨석을 설치하고 표석을 세웠다.
10월 15일 동자석과 연엽석을 배설하고, 축석을 더하여 부역을 마쳤다.
         아기태실비 및 태석을 태실의 서남쪽으로 십보 밖에 묻었다.

2) 태실 가봉작업의 시행 과정

1727년 9월 1일에 관상감에서는 태봉 조성을 위한 다음과 같은 지침을 예조에 보고 하였다.

1. 표석(標石)의 서사관(書寫官)을 10월 5일까지 내려보내도록
   먼저 승문원(承文院)에 알리고,
2. 표석의 전, 후면에 무엇이라고 쓸 것인지를 지휘하여 줄 것이며,
3. 감역관이 가지고 갈 인신(印信)을 예(例)에 의해 제금할 것이다.

이에 대하여 표석의 전후에는 모두 숙종 때의 것과 똑같이 하도록 지시가 하달되었다. 숙종 태실을 본으로 하기 위하여 9월 4일에는 전향관이 향축(香祝)을 받아 공산현에 전향(傳香)하고, 선공감의 감역관과 함께 숙종의 태실을 그대로 척량하여 11일 청주에 이르렀다.

청주의 영조 태실을 살펴본 결과, 태를 봉인한지 오래되어 태봉의 화소(火巢)가

거의 민둥산이므로 태봉의 관리를 맡은 태봉직(胎峰直)을 벌하도록 하였다. 그리고 태봉의 서쪽 십리쯤 되는 청주목 동면 상현리에 있는 석재가 매우 좋으므로 그 석재를 사용하기로 하였다.

이에 따라 빠른 시일 내에 역사(役事)를 하도록 군인, 잡물을 전례에 의거해서 조목조목 배정할 것을 충청도의 각관에 미리 알리게 하였다.

중앙의 지시를 받은 관찰사는 각 읍마다 각양의 잡물을 분담하게 하였다. 의궤에 의하면 실제로 동원된 부역꾼은 '충청북도각읍부역군매일이백명'이고, 총 부역꾼은 6천명으로 계산되었다. 하지만 실제로 부역한 것은 2,894명이고 미부역은 3,106명이었다.

각종 잡물의 각 읍별 분담은 다음과 같다.

1. 청주(淸州)

석회(石灰)	4석
소몽동(小夢同)	5개 - 중각(重各) 4근
돌정(乭釘)	30개 - 중각 3근
부자(斧子)	4개
대착(大錯)	3개 - 장각(長各) 2척
소착(小錯)	7개
좌이(佐耳)	4개
첨철(添鐵)	50근
야회(冶灰)	10석
도련지(擣鍊紙)	1권
공석(空石)	100립(立)
대소장막(大小帳幕)	
대소숙마주을(大小熟麻注乙)	3돌리(乭里)
유사	2부(部)

공사하지필묵(公事下紙筆墨)
향실(香室)
감역이원입접가가(監役二員入接假家)
누기배설제구(漏器排設諸具)
잡물입직고간(雜物入直庫間)
직장목 수기용입(直長木 隨基容入)
생갈(生葛)   1동(同)
청태목 수기용입(靑苔木 隨基容入)
대설마(大雪馬)   2부(部)
소설마(小雪馬)   3부(部)
식정사기(食鼎沙器)
감장(甘醬)   2석(석)

2. 충주(忠州)
중몽동(中夢同)   5개 - 중각 20근
돌정(乭釘)   40개 - 중각 3근
관정(串釘)   30개
배지라(排地羅)   4개. 장각 3척
한변적(漢卞赤)   30개. 중각 한근 반.
대정(大釘)   3개
각도(刻刀)   50개
첨철(添鐵)   50근
초주지(草注紙)   7속(束)
대설마(大雪馬)   1부
생갈(生葛)   3동

3) 연산(連山)
소몽동(小夢同)   5개. 중각 4근.
입정(立釘)   10개. 중각 7근.
야탄(冶炭)   10석.
돌정(乭釘)   20개 - 중각 3근.

소변적(小卞赤)	8개. 중각 1근.
생갈(生葛)	2동(同).

4. 괴산(槐山)

대몽동(大夢同)	1개.
중몽동(中夢同)	5개. 중각(重各) 20근.
소몽동(小夢同)	5개. 중각 4근.
입정(立釘)	10개. 중각 7근.
돌정(乭釘)	40개. 중각 3근.
관정(串釘)	30개 중각 2근.
의지금(依只金)	50개.
세한(歲寒)	10개.
첨철(添鐵)	50근.
소설마(小雪馬)	1부.
생갈(生葛)	2동.
야탄(冶炭)	20석.

5. 진천(鎭川)

소몽동(小夢同)	5개. 중각(重各) 4근.
입정(立釘)	10개. 중각 10근.
선정(銑釘)	5개. 중각 2근.
소변적(小卞赤)	7개. 중각 1근.
첨철(添鐵)	20근.
야탄(冶炭)	20석.
중설마(中雪馬)	1부.
생갈(生葛)	2동(同).

6. 연기(燕岐)

법유(法油)	2두(斗)
백휴지(白休紙)	5근
중설마(中雪馬)	1부

야탄(冶炭)　　　　　　10석
감장(甘醬)　　　　　　1석(石)

7. 문의(文義)
법유(法油)　　　　　　2두(斗)
백휴지(白休紙)　　　　5근
생갈(生葛)　　　　　　2동(同)
야탄(冶炭)　　　　　　10석
감장(甘醬)　　　　　　1석(石)

8. 음성(陰城)
입정(立釘)　　　　　　10개. 중각(重各) 10근.
관정(串釘)　　　　　　40개 중각 2근
야탄(冶炭)　　　　　　5석
생갈(生葛)　　　　　　2동(同)

9. 정산(定山)
법유(法油)　　　　　　2두(斗)
백휴지(白休紙)　　　　5근
생갈(生葛)　　　　　　2동(同)
야탄(冶炭)　　　　　　5석

10. 옥천(沃川)
인가내(刃加乃)　　　　5개
야탄(冶炭)　　　　　　20석
백휴지(白休紙)　　　　5근

11. 보은(報恩)
소설마(小雪馬)　　　　2부
야탄(冶炭)　　　　　　20석
생갈(生葛)　　　　　　1동(同)

12. 연풍(延豊)
연려석(軟礪石)
고후토제제물(告後土祭祭物)

13. 회인(懷仁)

14. 홍산(鴻山)
소몽동(小夢同)   5개. 중각(重各) 4근.
입정(立釘)   10개. 중각(重各) 10근.
관정(串釘)   50개 중각 2근
첨철(添鐵)   30근

15. 단양(丹陽)
도련지(擣鍊紙)   3권(卷)

16. 공산(公山)
부유둔(付油芚)   1번(番)

17. 직산(稷山)
백하해(白蝦醢)   5두(斗)

18. 아산(牙山)
백하해(白蝦醢)   5두

19. 평택(平澤)
백하(白蝦)   5두

20. 청안(淸安)
사후토제제물(死後土祭祭物)

위와 같이 각 읍에 분담된 각종 소요 물품들을 보면, 대체로 공구용품류는 청주와 충주 관내의 읍에 부담되었고, 영조 태실이 있는 청주에서 비교적 거리가 먼 영동 황간 영춘 등은 아예 부담할 물품이 없었음을 알 수 있다.

그리고 작업에 동원된 감역관을 비롯한 일꾼들을 위한 반찬인 백하해(白蝦?)는 비교적 거리가 가깝고, 또 새우젓의 생산이나 교역이 편하였던 지역으로 생각되는 직산 아산 평택 등지에 부담되었음을 알 수 있다.

위의 잡물들의 총체적인 수량은 대략 다음과 같다.

1. 야회(冶灰)   4석
2. 대몽동(大夢同)   1개(괴산)
3. 중몽동(中夢同)   10개(충주, 괴산 각 5개) 20근 짜리
4. 소몽동(小夢同)   25개(충주, 연산, 괴산, 진천, 홍산 각 5개) 중(重) 4근 짜리
5. 돌정(乭釘)   130개(청주 30, 충주 40, 연산 20, 괴산 40) 중(重) 4근 짜리
6. 관정(串釘)   210개(충주 70, 괴산 50, 음성 40, 홍산 50) 중(重) 4근 짜리

☞ 관정(串釘) : 목재의 접합이나 고정에 쓰이던 기구.

관정

7. 입정(立釘)　　　　　50개(연산, 괴산, 진천, 음성, 홍산 각 10) 중(重) 4근 짜리.
　　　　　　　　　　　진천은 10근 짜리.
8. 대정(大釘)　　　　　3개(충주)
9. 한변적(漢卞赤)　　　30개(충주) 중(重) 한근 반 짜리.
10. 소변적(小卞赤)　　 15개(연산 8, 진천 7) 중(重) 1근 짜리.
11. 부자(斧子)　　　　 4개(청주)
12. 대착(大錯)　　　　 3개(청주) 2척 짜리
13. 소착(小錯)　　　　 7개(청주)
14. 좌이(佐耳)　　　　 4개(청주)
15. 대설마(大雪馬)　　 3부(청주 2, 충주 1)
16. 중설마(中雪馬)　　 1부
17. 소설마(小雪馬)　　 9부(청주 3, 괴산 2, 문의 2, 보은 2)
18. 생갈(生葛)　　　　 15동(충주 3, 연산, 괴산, 진천, 문의, 음성 각 2, 청주, 보은 각 1)
19. 각도(刻刀)　　　　 50개(충주)
20. 공석(空石)　　　　 100립(청주)
21. 유사　　　　　　　 2부(청주)
22. 감장(甘醬)　　　　 3석(청주 2, 연기 1)
23. 배지라(排地羅)　　 4개(충주) 3척 짜리.
24. 첨철(添鐵)　　　　 200근(청주, 충주, 괴산 각 50근, 진천 20근, 홍산 30근)
25. 야탄(冶炭)　　　　 140석(괴산, 진천, 옥천, 보은 각 20석, 문의 15석, 청주, 연산,
　　　　　　　　　　　정산 각 10석, 음성 5석)

☞ 15. 대설마(大雪馬) : 썰매

☞ 20. 공석(空石) : 빈 가마니

☞ 21. 유사 : 고리. 고리짝

☞ 22. 감장(甘醬) : 간장

☞ 23. 배지라(排地羅) : 지레. 지렛대.

26. 의지금(依只金)　　 50개(괴산)
27. 세한(細漢)　　　　 10개(괴산)
28. 선이(銑耳)　　　　 5개(진천) 중 2근 짜리

29. 법유(法油)	8두(斗)(연기, 문의, 정산, 옥천 각 2두)	
30. 백휴지(白休紙)	20근(연기, 문의, 정산, 옥천 각 5근)	
31. 도련지(擣鍊紙)	4권(청주 1, 단양 3)	
32. 초주지	7동(충주)	
33. 인가내(刃加乃)	5개.	
34. 여석	2(충주는 강질, 연풍은 연질)	
35. 백하해(白蝦醢)	15두(斗)(직산, 아산, 평택 각 5두)	
36. 부유둔(付油芚)	1번(공산)	
37. 홍의차세포돌금두정납첨궤자구쇄(紅衣次細布乭金頭釘?添櫃子具鎖)		
38. 대장포(大帳布)	(청주)	
39. 소장포(小帳布)	(청주)	
40. 대숙마주을(大熟麻注乙)	(청주)	
42. 소숙마주을(小熟麻注乙)	(청주)	
43. 공사하지필묵(公事下紙筆墨)	(청주)	
44. 향실(香室)	(청주)	
45. 직장목(直長木)	(청주)	
46. 청태목(靑苔木)	(청주)	
47. 식정사기류(食鼎沙器類) 등	(청주)	

☞ 29. 법유(法油) : 들기름
☞ 37. 홍의차세포돌금두정납첨궤자구쇄 : 일종의 궤짝으로 자물쇠와 걸쇠를 붙인 것.

    각 읍에 분담된 잡물들은 모두 모아 곳간에 두었다. 그러나 뜻하지 않게 화재가 발생했다. 화재는 잡물을 둔 곳간을 지키기 위해 숙직을 하던 보초들이 밤중에 날씨가 추워 불을 피워놓았다가 일어났다.
    이 화재로 인해 가장 중요한 철물은 안전하였다. 그러나 정산과 문의 지방에서 봉납한 백휴지 10근, 온천에서 봉납한 인가내 5개, 청주의 유사 2부 등 3가지가 불에 타버렸다.

이 실화로 보초들은 중죄를 면치 못하게 되었고, 불에 타버린 3가지 물건들은 다시 분담해서 빠른 시일 내에 가져오도록 조치하였다.

그런데다 실제로 작업에 들어가자, 날씨가 매우 춥고, 낮의 일조 시간도 짧아서 작업 기간 내에 마무리하기 힘들어졌다. 그래서 도차사원(都差使員)인 청주 목사가 다음과 같은 이유로 상고를 한다.

부역하는 석수들이 피곤하여 몸을 해치는 가운데, 정(釘)을 잘 다루지 못하는 자가 섞여 있으며, 원래 등록되어 있는 50명의 석수 중 동원된 인원은 34명으로, 도저히 기간 내에 일을 완성하기 어렵다고 하였다.

여기에 승군과 역군도 부족하다 하여 새롭게 역원을 늘려줄 것을 요구했다. 이때 증원 요청에 의하면 승군은 원래 1,000명이나 현재 300명만 분정되었다. 그래서 석재를 운반할 때 썰매 1부당 600~700명의 인원이 필요한데, 분정된 300명으로는 운반할 수가 없으니, 600명 한도에서 증원해 줄 것을 요청하였다.

이러한 청주 목사의 요청에 대하여 관찰사는 석수 5명을 더 참작하여 강행군을 해서라도 일하게 하고, 석물을 끌어 운반할 승군 600명은 각 읍에 분정하되 읍리로 하여금 10일 이내로 탐지하여 양식을 지참해서 부역하게 하였다.

또 정산 옥천 청주 등의 고을에서 봉납하였다가 화재를 당한 물품은 다시 그들 관내에 배정하여 빠른 시일 내에 운납하도록 하였다. 이때 배정된 각 읍의 승군 수는 다음과 같았다.

청주	10명	황간	20명	부여	10명
충주	30명	홍산	20명	영동	20명
옥천	5명	한산	5명	정산	20명
보은	20명	홍양	30명	임천	30명
공산	30명	면천	5명	서천	5명
천안	20명	해미	10명	남포	20명
직산	5명	태안	10명	대흥	7명
은진	5명	아산	20명	덕산	20명
회덕	10명	전의	20명	영춘	10명
당진	5명	연풍	15명		
서산	30명	청풍	15명		
신창	10명	예산	7명		
단양	10명	니산	20명		
회인	10명	온양	10명		
음성	6명	보령	5명		
석성	10명	진잠	10명		
청안	15명	결성	5명		
제천	10명	청양	10명		

영조 태실의 이수(螭首)

3) 비석

　비석을 만드는 과정을 살펴보면, 우선 비문에 들어갈 기초 자료를 수집하고 문장을 지어 내용을 써서 석공(石工)에게 넘기면, 정마(正磨)를 마친 돌에 대고 정교하게 조각을 한다.

　이렇게 석각이 완료되면 귀부(龜趺)와 이수(螭首)를 맞추어 정해진 위치에 건립을 한다. 태실의 비석을 건립하는 과정에서 의궤의 내용을 보면, 태실 비석을 만들 때 필요한 백납(白蠟)이 빠진 것을 뒤늦게 발견했다. 백납은 비석 다듬기를 마친 후 가장 긴요한 물품으로 이에 대한 준비 조치가 매우 급박하였던 모양이다.

　☞ 백납(白蠟) : 납과 주석과의 합금. 땜납. 비석의 글씨가 새겨진 다음 표면에

298

> 다시 윤을 낼 때, 또는 태항아리를 밀봉할 때 사용된다. 대개 산간지방의 군과 현에서 분납했다. 영조 태실을 조성할 때는 모두 15량(兩)이 분정되었다.

때문에 감역관은 중앙의 재가에 앞서 충주 등 각 관아에 미미 분정하고, 10월 7일까지 밤을 세워서라도 14량(兩)의 필요 분량을 조달하게 하였다.

다음은 각 읍에 분정된 양이다.

> 충주　　2량(兩) 5전(錢)　　괴산　2량(兩)　　　　연풍　2량(兩) 5전
> 청풍　　2량(兩)　　　　　　단양　2량(兩) 5전(錢)　제천　1량(兩) 5전(錢)
> 영춘　　2량(兩) 5전(錢)
> 합계 : 15량(兩)

4) 제의(祭儀)

영조 태실의 가봉에 있어서 제의는 모든 제관(제관)이 모두 지방관으로 각 제의마다 임명된 제관은 다음과 같다.

> ☞ 제관(祭官) : 제사를 맡은 관원
>
> 　　고사유제(告事由祭)　－　보은 현감 권의형(權義衡)
> 　　고후토제(告後土祭)　－　괴산 군수 박사언(朴思彦)
> 　　사후토제(謝后土祭)　－　청주 목사 조준명(趙駿命)

고사유제와 고후토제는 9월 20일에 있었고, 사후토제는 10월 14일에 지냈다. 제관 뿐만 아니라 제사를 주도하는 유생들은 모두 청주에서 뽑혀나왔다.

당시에 참여하였던 청주의 유생들을 보면 다음과 같다.

◆ 고사유제
- 대축(大祝)　　진사(進士)　　송현징(宋鉉懲)
- 찬자(贊者)　　진사(進士)　　마의겸(馬義謙) 고세환(高世煥)
- 알자(謁者)　　진사(進士)　　최세웅(崔世雄)
- 축사(祝史)　　진사(進士)　　변희적(卞熙積)
- 재랑(齋郎)　　진사(進士)　　나중희(羅重禧)

◆ 고후토제
- 대축(大祝)　　진사(進士)　　이해조(李海朝)
- 찬자(贊者)　　진사(進士)　　김중겸(金重謙) 김만석(金萬碩)
- 알자(謁者)　　진사(進士)　　김한위(金漢胃)
- 축사(祝史)　　진사(進士)　　나중징(羅重徵)
- 재랑(齋郎)　　진사(進士)　　오복명(吳復明)

◆ 사후토제
- 대축(大祝)　　진사(進士)　　채이휴(蔡以休)
- 찬자(贊者)　　진사(進士)　　권세형(權世衡)
- 알자(謁者)　　진사(進士)　　정후기(鄭侯基) 김필대(金弼台)
- 축사(祝史)　　진사(進士)　　최세웅(崔世雄)
- 재랑(齋郎)　　진사(進士)　　김한위(金漢胃)

위에서 보면, 당시 청주의 유생으로 진사(進士) 9명, 유학(幼學) 9명, 모두 18명이나 김한위, 최세웅, 나중징은 2번 참여하여 15명이라고 해야 맞다.

5) 석물(石物)

태봉에 소요된 석재로는 10여가지 종류에 모두 크기가 정해져 있었던 바, 이들은 공주의 숙종 태실을 본받되, 크기를 작게 만든 것이었다.

석재의 크기는 다음과 같다.

> 1) 네모난 돌 : 4면, 너비 3척 2촌. 두께 7촌
> 2) 중동석(中童石) : 높이 2척 5촌, 아래 위의 지름 5천 2촌, 가운데 지름 8척 1촌
> 3) 갓처마돌 : 높이 3척 5촌, 너비 1척 5촌, 두께 1척 1촌
> 4) 기둥돌 : 길이 3척 5촌, 너비 1척 5촌, 두께 1척 1촌
> 5) 동자석(童子石) : 8개, 길이 1척 9촌, 너비 1척 3촌, 두께 1척 1촌
>
> ☞ 동자석(童子石) : 초석(礎石 주춧돌)을 말하는데, 마룻바닥의 하중을 받치는 역할을 한다.
>
> 6) 댓돌 : 8개, 길이 3척 1촌, 지름 2척 7촌 5분
> 7) 우상석(隅裳石) : 8개. 길이 3척 8촌, 너비 2척 6촌, 두께 7촌
> 8) 면상석(面裳石) : 8개, 길이 2척 8촌, 너비 3척 4촌, 두께 7촌
> 9) 우전석(隅?石) : 8개, 길이 2척 8촌, 너비 1척 3촌, 두께 1척 1촌
> 10) 면전석(面?石) : 8개, 길이 2척 5촌, 너비 1척 7촌, 두께 1척 3촌

영조 태실의 거북돌.

그리고 비석은 비좌인 거북 돌의 길이가 6척이고, 너비 3척 5촌에 높이가 2척 5촌이며, 비석은 용트림 머리에서 아랫 부분까지 길이 5척 3촌, 너비 1척 7촌, 두께 8촌이었다.

6) 공장(工匠)

영조 태실 조성에 동원된 공장(工匠)으로는 석수(石手), 목수(木手), 각수(刻手), 책장(冊匠), 야장(冶匠) 등이 있고, 이 가운데 석수가 가장 많았다.

특히 석수 가운데 2인은 경석수(京石手)가 내려왔다. 이들을 구분해 보면 지방의 공장 가운데는 승려도 상당수 보이고 있다.

☞ 각수(刻手) : 조각(彫刻)을 업(業)으로 하는 사람
☞ 야장(冶匠) : 대장장이. 대장간에서 일 하는 사람.
☞ 경석수(京石手) : 한양에서 내려온 석수.

◇ 석수
◆ 경석수 : 박상준 김득룡
◆ 청주 석수 : 김해금(金海金) 승 취문(僧 就文) 김취환(金就還) 윤봉익(尹奉益)
　　　　　　김두상(金斗尙) 승 신계(僧 信戒) 김해명(金海命) 김귀찬(金貴贊)
　　　　　　박두업(朴斗業)
◆ 연기 석수 : 손두평(孫斗平) 함석산(咸石山)
◆ 정산 석수 : 김연봉(金連峯)
◆ 공산 석수 : 김충신(金忠信) 김육만(金六萬)
◆ 연산 석수 : 이을산(李乙山)
◆ 옥천 석수 : 이용이(李龍伊) 이지화(李枝華) 이성재(李成才)
◆ 충주 석수 : 김사남(金士男) 조부관(趙不官) 추사읍(秋沙邑) 이귀만(李貴萬)

　　　　　　　　　김현상(金顯尙) 최사명(崔士明) 최대운(崔大云) 장돌이(張乭伊)
　　　　　　　　　최이선(崔已先) 이해기(李海起)
◆ 음성 석수 : 장운이(張雲伊)
◆ 문의 석수 : 김얼금(金夆金)
◆ 전의 석수 : 남만재(南萬才)
◆ 청안 석수 : 박소독(朴所獨)
◆ 은진 석수 : 김만역(金萬亦)
◆ 보은 석수 : 박백산(朴白山)
◆ 여천 석수 : 임이만(林以萬)
◆ 홍산 석수 : 박업선(朴業先)
◆ 한산 석수 : 박정업(朴丁業)

◇ 야장(冶匠)
◆ 청주 : 박춘용(朴春龍) 최용이(崔龍伊) 최광선(崔光先) 최상립(崔尙立)

◇ 목수(木手)
◆ 청주 : 최일선(崔日先) 김갑욕(金甲辱)

◇ 각수(刻手)
◆ 청주 : 곽준성(郭俊成) 승 향옥(僧 香玉) 승 의호(僧 義浩)

◇ 책장(册匠)
◆ 청주 : 우뿐동(禹쭊同)

놀라움이 가득한 기록의 나라…
기록 문화가 꽃핀 조선이 남긴 다채로운 의궤들
- 장례의궤, 수원 화성 축조 의궤 등 다양한 의궤들 -

조선은 찬란한 기록의 나라였다. 유네스코 세계기록유산에 등재된 기록문화유산이 9개에 이른다.

〈훈민정음.(1997). 〈조선왕조실록〉(1997). 〈직지심체요절〉(2001). 〈승정원일기〉(2001). 〈선왕조 의궤〉(2007). 〈고려대장경판 및 제경판.(2007). 〈동의보감.(2009). 〈일성록〉(2011). 〈5.18 민주화운동 기록물〉(2011).

특히 〈조선왕조실록〉과 〈승정원일기〉는 그 양이 엄청 방대하다. 〈승정원일기〉는 조선왕조실록의 무려 5배나 되는 양이다. 승정원 일기의 번역은 10여% 정도 진행되었고, 완전하게 번역되려면 앞으로 90년이나 남았다. 도대체 얼마나 방대한 건지 상상을 초월한다.

기록문화유산의 하나인 '의궤' 역시 다채로운 형태로 기록됐다. '영조태실가봉의'(英祖胎室加封儀)는 그 중에 하나다.

의궤란 '의식'과 '궤범'을 합친 말로 조선 왕실이나 국가의 중요 행사와 의식의 전 과정을 글과 그림으로 기록한 종합 보고서다. 유교적 전통에 따라 진행된 왕실의 결혼, 세자 책봉, 왕의 즉위, 장례 등이 아주 자세하게 기록되어 있다. 궁궐 건축에 관한 내용도 역시 자세히 기록되어 있다.

의궤는 조선 초기부터 만들어졌으나, 현재에는 임진왜란 이후의 것만 남아 있다. 2007년 조선왕조 의궤는 유네스코 세계 기록 유산에 등재되었다. 세계 기록 유산에 등재된 의궤는 서울 대학교 규장각 한국학 연구원에 있는 2,940권과 한국학 중앙 연구원 장서각에 있는 490권 등 총 3,430권이다.

가례도감의궤.
조선시대 국왕 및 왕세자의 혼례의식 절차를 적은 책이다.
국왕이나 왕세자가 결혼할 때는 임시로 설치한 가례도감에서 의식 전반을 관장하고,
그 절차를 일일이 기록해서 '가례의궤(嘉禮儀軌)'라 하였다.

　의궤는 후대 사람들이 같은 의식이나 행사를 치를 때 예법에 맞게 잘 치를 수 있게 참고하도록 하기 위해 만들어졌다. 따라서 왕실에 행사가 생기면 '도감'이라는 기구를 설치하여 의궤를 편찬하도록 했다. 행사에 맞는 의궤의 이름을 붙인 후 행사에 관한 모든 내용을 자세히 글로 쓰고, 도화서에 소속된 화원은 행사의 전 과정을 그림으로 그렸다.
　의궤는 보통 5~9부가 어람용(御覽用)과 분상용(分上用)으로 나누어 제작

화성축조의궤는 수원 화성의 성곽을 쌓은 기록이다.
이 책에는 축성법에 대해 상세히 다루고 있다.
또 기중기를 비롯한 기계도 그림으로 그렸다.

이 됐다. 어람용은 임금님이 보기 위해 제작된 것으로 1부를 제작했다. 분상용은 여러 곳에 나누어 보관하기 위해 제작된 것으로 지방의 사고, 춘추관, 관련 업무 관서 등에 보관됐다.

많은 학자들이 최고로 뽑는 의궤는 임금와 왕비의 결혼을 기록한 〈가례도감의궤〉다. 총 20여 점 남아 있는 가례도감의궤 중에서도 영조와 정순왕후의 결혼식을 기록한 '영조정순후가례도감의궤'가 대표적이다.

'영조정순후가례도감의궤'는 66세의 영조와 15세 신부인 정순왕후의 혼인

'진연의궤'에 나오는 봉수당진찬도.
진연의궤는 조선시대 궁중의 각종 잔치에 관한 의식을 적은 책이다.
현재 전하는 것은 숙종~고종 때 것이다.
여러 궁중무용의 대체적인 내용과 방법 등이 의상 형식 등과 함께 기록되어 있다.

식을 기록한 의궤다. 영조정순후가례도감의궤에는 관리들이 늘어서 있는 모습을 그린 '반차도'부터 정순왕후가 왕실의 예법을 배우는 장면, 가마와 의복 수, 참가 인원, 행사에 쓰인 음식 등이 모두 자세히 기록되어 있다.

〈화성축조의궤〉는 수원 화성의 성곽을 쌓은 과정을 남긴 기록물이다.

정조 18년(1794)부터 20년(1796)에 걸친 화성 성곽의 축조는 큰 토목건축 공사로 많은 경비와 기술이 필요했다. 그래서 그 공사 내용에 관한 자세한 기록을 남겨야 하겠다는 뜻에서 정조가 김종수(金鍾秀)에게 편찬을 명령, 1796

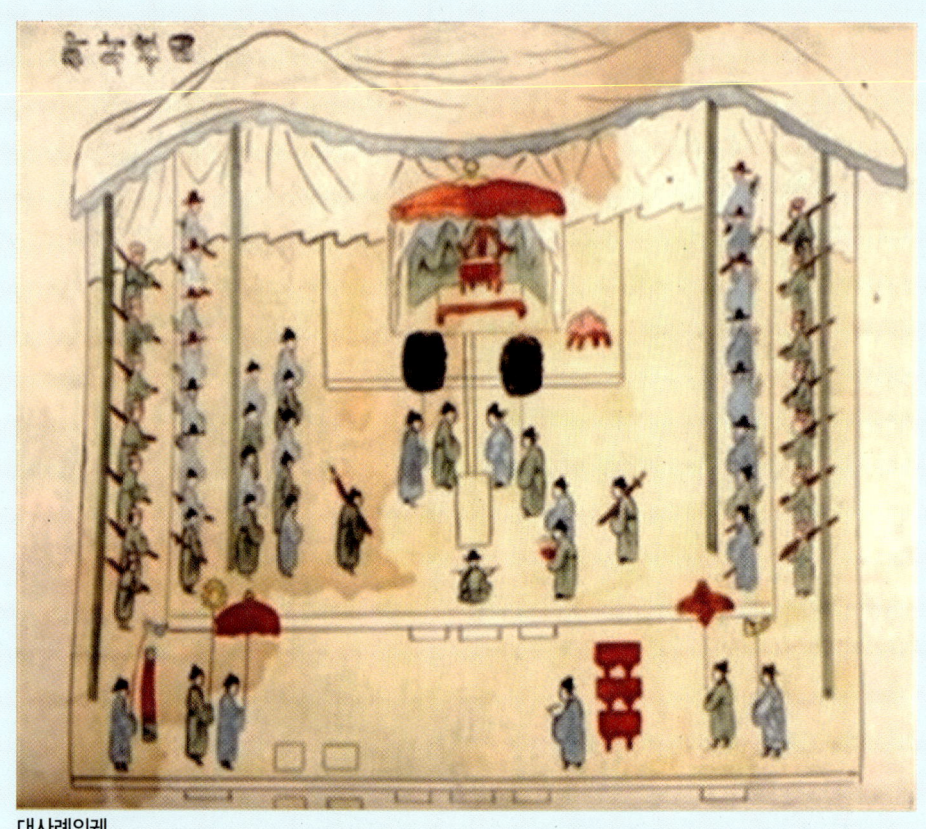

대사례의궤.
영조가 성균관에서 행한 대사례를 정리한 의궤이다.
예를 갖추어 활을 4발씩 쏘고 적중 여부에 따라서 상과 벌을 내렸다.
의궤에는 각자의 성적까지 기록하고 있다.

년 9월에 시작하여 그 해 11월에 원고가 완성됐다.

이 의궤는 연 70여만 명의 인원이 동원되고 80여만 냥의 비용이 투입된 대공사의 종합보고서다. 그래서 사업의 자세한 내역을 확인할 수 있다. 이 의궤에 따르면 장인은 1,800명이 동원되었다. 그 중 석수(石手)는 642명, 목수는 335명이었다. 재정 부분에서는 소요 물품의 종류와 가격, 구입 경로들을 상세히 밝혔다. 공사에는 서양과학 기술이 다양하게 적용되었음도 알 수 있다.

〈진연의궤〉는 조선시대 국가에 경사가 있을 때 궁중에서 베푸는 잔치와 연회에 관한 전말을 기록한 의궤다.

조선시대 궁중에서 잔치는 어떻게 벌였을까? 잔치할 때 춤은 어떤 춤을 추었을까? 음식은 어떤 것이 있었을까? 궁중의 잔치를 알아보려면 '진연의궤'을 살펴보면 된다. 진연의궤에는 '반차도'와 '행사도'가 첨부되어 그 생동감이 더하다.

☞ 반차도(班次圖) : 궁중의 각종 행사 장면을 그린 그림.

정조가 1795년 어머니인 혜경궁 홍씨의 회갑을 기념해 화성행궁 봉수당에서 마련한 진찬 장면을 그린 '봉수당진찬도'는 '반차도'의 하나다. 봉수당 진찬도에는 화려한 무용복과 무용 모습을 생생하게 묘사됐다. 마치 비디오를 보는 것 같다.

잔치에는 춤이 따르기 마련이었다. 반차도에는 궁중무용이 생생하게 표현되어 있다. 잔치가 끝나면, 잔치 장면을 화원을 동원하여 다양한 크기로 그렸다. 잔치에 애쓴 사람들에게 직급에 따라 나눠줬단다.

영조가 성균관에서 행한 대사례를 정리한 〈대사례 의궤〉도 조선이 남긴 자랑스런 기록물이다.

영조 19년(1743) 영조는 창덕궁 영화당에서 소여(小輿)를 타고 성균관으로 향했다. 많은 신하들과 종친들이 국왕을 수행했다. 군신이 함께하는 활쏘기 시합인 대사례(大射禮)를 위해서였다.

영조는 이날 200년 만에 국가의 예법을 회복했다는 사실을 상기시키고, 자신이 50세가 되는 해에 이 행사가 열리게 되는 것을 무척이나 감격스러워 했다. 그리고 이 행사를 특별히 기록과 그림으로 남길 것을 지시했다. 이렇게 만들어진 것이 바로 '대사례의궤'다. 예를 갖추어 활을 4발씩 쏘고, 적중 여부에 따라서 상과 벌을 내렸다. 의궤에는 각자의 성적까지 기록하고 있다.

- 제 8 장 -
일본의 태실, 그것이 알고 싶다!

제 8 장 일본의 태실, 그것이 알고 싶다!

1. 세계문화유산과 일본의 태실들

조선의 세계적인 문화유산 '태실'은 유네스코 세계문화유산으로 등재돼야 한다고 믿는다.

그러기 위해서는 다른 나라 태실과 비교 연구가 전제되어야 할 것이다. 그래야만 우리나라 태실의 가치가 더욱 돋보일 수 있고, 태실문화라는 독특한 문화가 국제성을 확보해서 세계문화유산으로 지정되는 지름길이 될 것이다.

그동안 일부 학자들은 태실이 중국에서도 찾아보기 어려운 장태문화, 그리고 한국에서만 볼 수 있는 독특한 문화라고 주장해온 측면이 없지 않았다. 하지만 그것은 국수주의적인 시각이었고, 태실에 대한 깊이 있는 자료와 논문이 국내에 소개되지 않은 탓이었다.

일본에는 천황의 태실이 몇 군 데 있고, 일본의 영웅 도꾸가와 이에야스(德川家康)의 태실은 관광 명소로 꼽힌다.

그런가 하면 8세기 이전에 만들어진 태항아리가 발견되기도 했다. 일본 나라시(市) 교육위원회가 지난 1988년 평성궁을 발굴 조사하는 과정에서 나라시대(710~794년) 이전의 태항아리를 발굴한 것이다.

그런데 일본에서 언제부터 태실이 조성되었는지에 대해서는 아직 분명히 밝혀지지 않는다.

중국 절강성에도, 베트남에도 태실이 있는 것으로 전해진다. 뿐만 아니라 그 옛날

에도막부 시대를 연 도꾸가와 이에야스(德川家康).
임진왜란을 일으킨 도요토미 히데요시의 뒤를 이어 일본 역사를 흐름을 바꾸어놓았다.

  홍길동이 찾아갔다는 낭만적인 풍문이 돌았던 유구왕국(琉球왕국. 오끼나와현으로 1879년에 일본에 합병)에도 태실이 있는 것을 알려지고 있다.

  앞으로 자료 발굴과 깊이 있는 고찰이 뒷받침돼야겠지만, 태실 문화는 중국에서 시작되어 중국의 영향을 받았던 동아시아 일대의 중화문화권에는 퍼져나갔다는 가설(假說)이 충분히 성립될 수 있다.

  그러한 태실이 우리나라에서 꽃을 피웠고, 다시 말하면 조선왕조에 이르러 정례화되었다고 하겠다. 그리고 일본 문화의 한 축으로 뿌리를 내렸다고 하겠다.

도꾸가와 이에야스의 태실.
조선 임금들의 태실처럼 석실(石室)로 조성돼 있고, 제법 웅장한 모습을 띠고 있다.

우리나라에 폭넓게 분포한 고인돌이 태실 문화와 비교 대상이 될 수 있겠다.

지난 2000년 전북 고창과 강화도의 고인돌 유적이 유네스코 세계문화유산으로 등재됐다. 고인돌은 영국 프랑스 네덜란드 스칸디나비아 반도를 비롯, 중국의 산동반도와 요동반도 등에 폭넓게 분포돼 있다.

그런데 우리나라에만 4만개 가까이 몰려 있다. 지구상에 현존하는 고인돌 가운데 40%가 우리나라에 있는 것이다. 청동기 시대의 고인돌 장태문화는 그야말로 우리나라에서 꽃을 피웠다고나 할까? 우리나라는 '고인돌 왕국'이었다.

일본의 태실에 대해서는 울산대 노성환 교수가 발표한 '고대 일본에서 본 한국의 태실 문화'라는 논문에 잘 나타나 있다. 노 교수는 일본 전역을 돌며 충분한 자료조사와 답사, 그리고 충분한 고찰과 숙고를 거쳐 이 논문을 발표했다.

노 교수는 '일본 신화와 고대 한국' ' 임란 포로 일본의 신이 되다' '일본의 민속생활' '일본 신화의 연구' '일본 신화에 모셔진 한국의 신' 등 일본의 역사 문화에 대해 20여권의 저서를 펴낸 바 있다. 특히 일본의 민속학에 관한한 국내의 권위자로 평가받고 있다.

일본의 태실, 그 실체에 대해 접근해 본다.

2. '신들의 태실'. '천황의 태실'

일본에서는 태반을 묻은 곳을 태실이라 하지 않고 '포의총(胞衣塚)' 또는 '에나쓰카'라고 한다. 여기서 '포의'는 태아를 싸고 있는 막과 태반을 가리키는 말이다.

실제로 일본에는 신들의 태를 묻었다는 곳이 2군데 있다. 기후현(縣)의 애나신사, 그리고 미에현(縣)의 야나즈카가 바로 그곳이다.

스가하라 미치자네의(845년~903년)의 태실.
미치자네는 헤이안 시대의 학자이자 정치가로 학문의 신(神)으로 통한다.
태를 묻은 곳 위에 돌을 얹어놓은 형태를 취하고 있다.

이 태실들은 신화적인 것이고, 후대에 만들어진 것임에 틀림없다. 그렇다고 해서 그 속에 반영되어 있는 태실의 존재 의미는 부정하기 어렵다.

애나신사는 이자나미 신이 아마태라스를 낳고, 그 태반을 묻었다고 알려져 있다. 아마테라스는 '태양의 여신'으로서 천황계의 직계 조상이 되는 일본 최고의 신이다.

야나즈카는 스사노오의 태반을 묻은 곳이라 전해진다. 스사노오는 천황이 일본을 다스리기 이전에 일본을 지배했던 이즈모족(族)의 조상으로 알려져 있다.

이러한 포의총, 즉 '신들의 태실'은 우리나라의 태실과는 사뭇 다르다.

우리나라에서는, 특히 조선 임금들의 경우 전국의 명당을 골라 태실을 안장했지만, 일본의 '신들의 태실'은 출생한 곳에 태실을 만들었다.

또한 조선 임금의 태실들이 국운(國運)과 관련 있고 왕실의 안녕과 번영을 기원한 데 비해, 일본의 '신들의 태실'은 민간 신앙의 대상이었다.

일본 천황의 태실로는 후쿠오카현(縣) 카스야군(郡)에 위치한 제 15대 천황 응신의 태실, 시가현(縣) 다카시마시(市)에 자리한 제 26대 천황 계체의 태실 등이 있다.

일본 천황의 태실들은 '신들의 태실'과 마찬가지로 출생한 곳에 태실이 조성돼 있다. 또한 일본 국민들 사이에 신앙의 대상이 되어왔다.

이런 천황의 태실들은 보통 봉분의 형태를 갖추고 있다. 봉분 위에는 소나무가 심어져 있다.

3. 한국의 태실과 일본의 태실, 그 공통점과 차이점

▶ 공통점

우리나라 고대의 태실로 대표적인 곳은 삼국시대에 삼국통일의 위업을 이룩한 김유신의 태실이다. 김유신 태실은 충북 진천군 태령산에 있다.

김유신 태실은 일본의 태실과 비교해 보면 상당히 닮아 있다고 할 수 있겠다.

앞서 밝힌대로 조선 임금들의 태실들이 전국의 명당에 자리잡은 데 반해 김유신의 태실은 탄생지에 조성돼 있다. 일본의 태실들도 대부분 탄생지에 있다. 요즘 말로 하면 속지주의(屬地主義)라고나 할까?

'삼국사기'나 '고려사'의 기록을 보면 김유신의 태실지는 신격화되어 있다. 일본

일본을 대표하는 고승 친란의 태실.
스가하라 미치자네의 태실처럼 태를 매장한 위에 돌을 올려놓은 형태다.

의 태실들도 마찬가지다.

그 형태에 있어서는 김유신 태실은 '봉분형'이고 반원 형태로 조정돼 있다. 일본의 초기 태실의 형태를 보면, 김유실 태실처럼 '봉분형'에 반원 형태다.

어쩌면 고대 한국과 일본은 '동일한 태실문화권'에 속해 있었던 것이 아닌가 싶다고 노성환 교수는 비교 분석한다.

'봉분형'이나 '평지형'으로 조성돼던 일본의 태실은 점차 석실(石室)의 모습으로 바뀐다. 에도막부 시대를 연 도쿠가와 이에야스(德川家康)의 태실이 대표적이다.

도쿠가와 이에야스의 태실은 돌을 쌓아올려 만든 전형적인 석실형이다. 즉 우리나라 조선시대 왕들의 태실과 비슷한 형태를 띠고 있다. 이러한 석실형은 고려시대와 조선시대 스님들의 부도와 흡사한 모양새다.

일본의 태 처리 방식도 우리나라와 비슷하다. 무로마치 막부의 7대 쇼군 아시카가 요시카쓰(1434년~1443년)의 탯줄 처리에 관해 다음과 같은 기록이 '어산소일기'에 전해져 내려온다.

'첫째, 태를 맑은 물로 7번, 술로 3번 씻은 다음 식초에 담았다가 꺼내어 백포(白布)와 붉은 비단으로 쌌다. 둘째 동전과 함께 붓, 먹, 활. 화살 등을 태항아리에 담았다. 셋째, 길방(吉方)을 정하면 전약두(典藥頭)가 그 방향에 있는 산으로 가서 태를 묻었다.'

이러한 일련의 과정은 조선 왕실에서 태를 처리한 방식과 거의 같다. 한국과 일본은 태 처리 방식도 엇비슷했던 것이다.

고승 친란의 태실 전경.

▶ 차이점

일본의 태실은 출산과 육아와 관련된 신과 같은 존재로 민간에 의해 신앙화되었다. 하지만 우리나라의 태실은 결코 신앙화되지 않았다.

이와 관련하여 18세기 중엽에 경북 성주에 살았던 이문건의 '양아록(養兒錄)'에 흥미로운 대목이 나온다. 이문건은 손자의 탯줄을 '세종대왕자 태실'이 있는 성주의 선석산에 몰래 묻도록 하인들에게 지시했다.

이문건이 손자의 태를 선석산에 묻은 이유는 천하의 명당이자 길지로 꼽히는 '세종대왕자 태실'에서 나오는 좋은 기운을 얻기 위함이었다. 이곳이 아이를 튼튼하게 해주는 주력(呪力. 불행이나 재해를 막아 준다고 믿는 신비한 힘)이 있다고 믿어 태를 묻은 것은 아니었다.

누가 태실을 만들었느냐도 우리나라 태실과 일본 태실의 차이점이다.

예외는 있지만, 우리나라의 태실은 조선시대에 이르러 왕실의 독점물이 되다시피했다. 이에 비해 일본의 태실은 천황의 집안에서만 태실을 만든 것이 아니었다.

일본의 영웅 도쿠가와 이에야스(1542년 ~ 1616년)는 황실에서 태어나지 않았는데도 웅장한 태실이 있다. 도쿠가와 이에야스는 임진왜란이 일어났던 시대에 살던 인물이다. 또한 일본을 대표하는 고승 친란(1173년 ~ 1262년)도 태실이 있다.

뿐만 아니라 오오오바세, 미치자네, 요시쓰네, 가메와카마루 등 일본의 걸출한 인물들은 천황계의 사람은 아니었지만, 태실이 조성돼 있다.

이런 인물들의 태실은 고대 일본에서 그랬던 것처럼 거의 대부분 출생지에 태실이 조성되어 있다.

- 부록 -

서삼릉 태실 집장지에서 출토된
조선시대 왕자와 공주, 옹주, 왕비의 태항아리들.

조선의 태실, 일제 강제 이장 90주년
'3.1절 맞이 서삼릉 태실(胎室)안위제 및 태항아리 재현 전시회'

부록 – 서삼릉 태실 집장지에서 출토된
조선시대 왕자와 공주, 옹주, 왕비의 태항아리들.

태조 태실

정종 태실

325

태종 태실

세종대왕 태실

문종 태실

세조 태실

예종 태실

성종 태실

중종 태실

인종 태실

명종 태실

선조 태실

숙종 태실

경종 태실

영조 태실

장조 태실

정조 태실

순조 태실

헌종 태실

순종 태실

부록 – 조선의 태실, 일제 강제 이장 90주년
'3.1절 맞이 서삼릉 태실(胎室)안위제 및 태항아리 재현 전시회'

지난 3월 1일 제 99주년 3.1절을 맞아 뜻깊은 기념 행사가 열렸다.

경기도 고양시 고양문화원(원장 이승엽)은 서삼릉태실연구소(소장 김득환) 주관으로 조선의 태실들이 일제강점기에 강제 이장된지 90주년을 맞아 3월 1일 11시 고양시 서삼릉태실에서 '3.1절 맞이 서삼릉 태실 안위제 및 태항아리 재현 전시회'를 마련했다.

훼손된 역사의 현장, 서삼릉 태실에서 일본의 식민 통치에 항거해 그 뜨거운 함성이 울려퍼졌던 3. 1절을 기념하고, 조선의 혼을 위로하기 위해서였다.

안위제의 제향(祭享)은 조선 임금들의 왕릉에서 지내는 제향의 진설도(陳設圖)에 따라 제상을 차리고, '종묘제례보존회' 이은홍 제례이사가 진행했다.

서삼릉 태실에 전시된 태항아리들.
서삼릉태실연구소는 이 행사를 앞두고 조선 역대 임금 18명의 태항아리 31개를 재현 제작했다.

    우리 민족은 아기가 출산하면 태를 함부로 버리지 않고, 탯줄과 태반을 귀중히 보관하는 풍습이 있었다. 조선시대에는 자녀의 태가 국운과 관련 있다 하여 전국 각지의 명당에 태실(胎室)을 조성한 뒤 안치했다.
    일제강점기인 1928년. 일제 침략자들은 전국 각지의 국왕 태실 22기, 왕자녀 태실 32기를 파헤친 뒤 태항아리들을 경기도 고양시 서삼릉으로 옮겨와서 서양식 공동묘지처럼 서삼릉 태실을 조성해놓았다. 조선왕조의 존엄성을 비하시키고, 백성들에게 조선의 멸망을 확인시켜주려는 음모였다.

춤다락 대표이자 무용가인 정유진님이 망자의 넋을 위로하고, 액운을 막아주는 살풀이춤을 공연했다.

시인이자 시낭송가인 신다회(여자)님이 독립운동가들의 뜻을 기리는 '넋은 별이 되고'를 낭송했다.

그로부터 90년.

고양문화원과 서삼릉태실연구소는 전주이씨대동종약원(전주이씨전국총연합회)의 총괄 진행으로 안위제를 지냈다. 안위제는 유네스코 지정 세계문화유산인 서울 종묘에서 조선왕조 역대 임금에게 제사를 지내는 의식으로 진행됐다.

왕릉 제향(祭享)의 진설도(陳設圖)에 따라 안위제 제상을 차리고, '종묘제례보존회' 이은홍 제례이사가 진행했다.

태실 안위제와 더불어 고양문화원은 서삼릉에서 출토된 태조, 세종대왕, 세조, 성종, 예종, 인종, 선조, 경종 등 조선 역대 임금 18명의 태항아리 31개를 재현 제작해 전시회를 열었다.

지난 1996년 문화재연구소에서 서삼릉 태실에 대한 발굴 조사를 실시한 결과, 역대 임금님들의 태항아리들이 나왔다.

고양문화원과 서삼릉태실연구소는 광주왕실도예조합(이사장 정영민)에 의뢰해 그 태항아리들은 실물 그대로 재현 제작했다. 일제에 의해 희생된 우리 역사의 한 자락을 복원한다는 의미에서다. 태항아리 재현 제작에는 총 비용 4천3백여만원 소요됐다.

이날 행사에서는 이와 함께 '유네스코 세계문화유산으로 등재돼야 할 조선의 세계적인 문화유산, 태실'을 주제로 동영상을 제작, 현장에서 상영됐다.

부대 행사로는 시 낭송가 신다회의 3.1절 헌시(獻詩) 낭송, 살풀이춤 위안공연. 전국의 태실 사진전시회 등이 진행된다.

이승엽 고양문화원장은 "서삼릉태실은 일제강점기에 침략자들에 의해 희생된 역사 훼손의 현장"이라면서 "3.1절을 맞아 역사의 현장에서 민족 정신을 드높이기 위해 이 행사를 기획, 주관한다"고 밝혔다.

■ 참고 자료.

― 사료(史料)

△ 〈삼국사기〉

△ 〈문종 실록〉 제3권

△ 〈고려사〉

△ 〈세종실록지리지〉

△ 〈태봉등록〉 규장각 소장

△ 〈태봉〉 규장각 소장 이왕직편

△ 〈영조대왕태실가봉의〉

△ 〈이조실록〉

― 단행본

△ 강경숙, 〈한국도자기 가마터 연구〉, 시공사, 2005.

△ 〈한국도자사〉 일지사, 1989.

△ 강대규, 김영원, 〈도자공예〉, 솔, 2005.

△ 국립문화재연구소, 〈안태등록(국역)〉, 민속원, 2007.

△ 〈조선 왕실의 안태와 태실 관련 의궤〉, 민속원, 2006.

△ 김문식, 〈조선왕실 기록문화의 꽃 의궤〉, 돌베개, 2005.

△ 김영애, 〈태항아리〉, 건기원, 2009.

△ 〈국역 조선왕조실록〉

△ 김영원, 〈조선시대 도자기〉, 서울대학교 출판부, 2003.

△ 김재열, 〈KOREAN ART BOOK 백자 - 분청사기Ⅰ〉, 예경, 2000.

△ 〈KOREAN ART BOOK 백자 - 분청사기Ⅱ〉, 예경, 2000.

△ 박원출, 이정수, 조원영, 〈테마가 있는 한국문화〉, 선인, 1999.

△ 방병선, 〈순백으로 빚어낸 조선의 마음, 백자〉, 돌베개, 2002.

△ 신명호, 〈조선 왕실의 의례와 생활, 궁중 문화〉, 돌베개, 2002.

△ 윤용이, 〈아름다운 우리 도자기〉, 학고재, 1996.

△ '조선 왕실의 안태와 태실 관련 의궤' - 2006, 국립문화재연구소

△ 〈조선의 태실〉 1, 2, 3, 1999, 전주이씨대동종약원

△ 〈한국의 태실〉 - 2005, 이규상

△ 충북대학교 호서문화연구소 1982, 〈호서문화연구〉 제 2편

△ 충북향토사연구협의회 1989, 〈충북향토문화〉

△ 청원군, 청원군지

△ 보은군, 1994, 〈보은군지〉

△ 진천군, 1994, 〈천군지〉

△ 청주시, 1997, 〈청주시지〉

△ 충북대학교 박물관, 1998, 〈진천군의 문화 유적〉

△ 청원군, 1999, 〈문화재대관〉

△ 국립문화재연구소, 1999, 〈서삼릉 태실〉

△ 이화여대박물관. 1985 〈조선백자항아리〉

△ 한글학회. 1991. 〈한국땅이름큰사전〉

— 보고서 및 논문

△ 김태일, 동방대학교 - 2012, '조선의 왕릉과 태봉의 비교 연구'
  : 동기감응론과 풍수 이론 중심으로

△ 김현길, 1983, 〈중원군 엄정면 소재 태실에 대하여〉

△ 최호림, 1985, 〈조선시대 태실에 대한 연구〉

△ 한림대학교 박물관 1991, 〈왕녀복란태실발굴조사보고서〉

△ 홍재선, 1992, 〈충청 지방의 태실과 그 현황〉

△ 김영진, 1997, 〈청원 산덕리 태실 발굴조사 보고서〉

△ 정영호 조익현 1999, 〈진천 김유신장군사적 학술조사보고서〉

△ 경상북도문화재연구원, 1999, 〈인종태실 발굴조사보고서〉

△ 김성찬 〈원주의 태실고〉

△ 문화재청 〈태항아리특별전〉 1999

△ 〈서삼릉 태실 - 서삼릉태리 이장전 분포도〉

△ 홍성익, 〈강원지역 태실에 관한 연구 - 전국 태실 조사를 겸하여〉

△ 윤석인, 2000, 〈조선왕실의 태실 석물에 관한 연구〉

△ 주간한국 〈풍수와 길흉화복〉

△ 금산군 자료실 〈국도문화재 및 자료〉

△ 〈전북민속자료 제 26호 예종대왕 태실비〉

△ 〈사천시 자료실 기념물 제 30호〉

△ 〈윤근일, 서삼릉태실 발굴조사 개요〉

△ 〈김태윤, 조선왕실 태항아리〉

— 기타

△ 임동권, 1974, 〈한국의 민속〉 세종대왕 기념사업회

△ 박철민, 1980, 〈조선 초기의 풍수지리사상〉

△ 최호림, 1985, 〈조선시대 묘지의 종류와 형태에 관한 연구〉

△ 김용숙, 1987, 〈조선궁중산속연구〉

△ 한국정신문화연구원, 1994, 〈한국민족문화대백과〉

△ 서울대학교 규장각 〈정조대왕태실가봉의궤〉

△ 이호일, 2003, 〈조선의 왕릉〉

△ 조선사회사 총서

△ 서울육백년사.

△ 보은군청 문화공보과 파일

△ 네이버 〈백과사전〉 정조대왕 태실 및 태실비

△ 〈충주시 지방유형문화재〉 제 6호 경종대왕 태실

△ 〈충남유형문화재〉 제 21호 명종대왕 태실 및 비

△ 국립문화재연구원, 2008년, 〈조선 왕실의 태실〉

마치는 글

큰 마음 먹고 나서 시작한 태실에 대한 고찰 끝에 1권에 이어 2권을 세상에 내보면서 가슴 뿌듯하기도 하고, 부끄럽기도 합니다. 그리고 우리 역사의 한 자락을 복원하는 데 얼마 만큼 기여를 하게 될지 궁금하기도 합니다.

모든 일이 그렇듯이 이제 2번째 책을 마무리하려고 보니 그동안 왜 좀 더 열심히 발로 뛰지 못했나, 왜 좀 더 자료 수집과 데이터 분석에 열정을 다하지 못했나 하는 아쉬움과 후회가 따릅니다. 송구스럽습니다.

많은 지적과 비판, 질타가 잇따르겠지만, 겸허하게 받아들일 것은 받아들이고 앞으로도 더욱 정진해서 우리나라의 태실에 대해서는 일가를 이루고 싶습니다.

2권을 끝내며 떠오르는 얼굴들이 많습니다. 열과 성을 다해 수집했음이 분명한 귀중한 자료들을 이 책을 집필하는 데 참고하도록 선뜻 허용해주신 지인 여러분에게 감사 드립니다. 그 분들에게 뭐라고 감사의 말씀을 드려야 좋을지 모르겠습니다. 정말로 감사합니다.

일본의 태실에 대한 도움 말씀과 격려, 그리고 인간적인 배려를 아끼지 않았던 울산대학교 국제학부 일본어일본학과 노성환 교수님, 답사 여행 때마다 안내를 자청하시고 뒤풀이까지 마련하셔서 밤 늦도록 우정의 술잔을 기울였던 충남 당진의 이재극 선배님, 함께 태실을 연구하는 동지로서의 자세로 값진 자료들을 아낌없이 제공해 주셨던 이규상 청주시 고인쇄박물관 운영사업과장님...잊지 않겠습니다. 이 분들의 노고가 없었다면 이 책이 나오지 못했을 것입니다.

조선의 세계적인 문화유산 **태실** ₂

  앞으로도 제가 밀고 나가야할 길은 열려있습니다. 태실이라는 길에 뛰어들어 이만큼 달려온 저는 태실에 관한한 재야사학자이고, 재야사학자로서의 꿈이 있습니다.

  언젠가는 태실박물관을 설립해 우리의 태실 문화를 전 국민들에게 알리고, 해외에 널리 알리겠습니다. 태실박물관의 설립이 아스라이 사라질 뻔하던 우리나라의 태실 문화를 복원하는 결실이 될 것 같습니다.

  저는 고양시에서 서삼릉태실연구소를 운영하고 있습니다. 태실박물관은 저의 요람이나 다름없는 서삼릉 태실 부근에 문을 열겠습니다. 일제강점기에 침략자들은 전국 각지의 국왕 태실 22기, 왕자녀 태실 32기를 파헤친 뒤 태항아리들을 옮겨와서 서양식 공동묘지처럼 '서삼릉 태실'을 조성해놓았습니다. 서삼릉을 빼놓고는 '조선의 태실'을 얘기할 수 없습니다.

  저의 또다른 꿈은 우리나라의 태실들을 유네스코 세계문화유산으로 등재하는 것입니다. 서삼릉태실연구소는 경북 성주군, 충남 서산시와 협력해 공동으로 문화유산 등재를 추진할 계획입니다. 성주군은 월항면 인촌리 '세종대왕자 태실'의 세계문화유산 등재를 위해 매년 경복궁에서 '태봉안 행사'를 개최해왔습니다. 서산시 운산면 태봉리 명종 태실은 보물 제1976호로 지정됐습니다.

  또 하나...앞으로 기회를 만들어 일본의 태실과 중국의 태실을 찾아 배낭 하나 매고 나서겠습니다. 그리고 2권과 이어지는 3권을 시리즈로 출간하겠습니다.

  감사합니다.

저자 **김 득 환**

- 김득환은 고양에서 나고 자라 270여년의 뿌리를 이어 온 토박이다.

- 일찍이 사라져가는 우리 역사의 한 자락을 되살리기 위해 '고양시 독산봉수대 제전위원장'을 맡은 이래 '경기도 향토문화연구원'을 거쳐 '서삼릉 태실연구소'를 설립, 소장으로 오늘에 이르고 있다.

- 서삼릉복원추진위원회 위원장으로 왕성한 역사문화 복원운동을 펼치고 있으며 2013년부터는 역사의 대중화에 기여하고자 매년 고양시 호수공원에서 '조선의 왕실과 태실' 사진전을 열어 왔다.

- 논문으로는 '경기향토사학' 제12집(2007)에 실린 '서삼능역의 능묘와 태실 등에 대한 고찰'과 '경기향토사학' 제16집에 실린 '지명유래에 대하여(고양 배다리 중심)'가 있다.

- 2016년, 13년간 연구한 '조선의 세계적인 문화유산 – 태실' 1권을 출간하였다.

조선의 세계적인 문화유산

태실 2

초판 1쇄 인쇄일 2018년 12월 1일
초판 1쇄 발행일 2018년 12월 10일

인쇄인 김 지 혜

발행인 김 득 환

지은이 김 득 환

펴낸곳 책읽는사람들 신아애드

등록번호 제 2014-000008호

이메일 hwun123@naver.com

전화 031-965-3339

주소 경기도 고양시 덕양구 마상로 134번 길 한일빌딩 2층
서삼릉태실연구소

ISBN 979-11-965217-0-7

정가 19,800원

총판처 (경제서적)유통회사 : 02-736-0640

*파본은 교환해 드립니다.
*이 출판물은 저작권법에 의해 보호를 받는 저작물이므로
 무단복제할 수 없습니다.